Mosaik bei
GOLDMANN

Buch

Die Schwangerschaft ist für jede Frau eine ganz besondere Zeit. Das Kind, das in ihr wächst, wird immer realer, freudige Erwartung und Hoffnungen, aber auch Sorgen und Unsicherheit begleiten die werdende Mutter. Mallika Chopra hat ihre Gedanken während der Schwangerschaft festgehalten. In 100 Versprechen an ihr Baby formuliert sie, was sie hofft, was sie erwartet und was sie ihrem Kind mit auf den Weg geben möchte. Reflexionen über Geborgenheit und Liebe, Selbstständigkeit und Vertrauen, Traditionen und Geschichte, Werte und Ziele, Spiritualität und Glaube stehen neben Erinnerungen an die eigene Kindheit und Jugend.

Autorin

Mallika Chopra, Mutter von zwei Töchtern, Tara und Leela Mandal, ist als Autorin und Produzentin tätig. Ihre Texte wurden unter anderem in der »Chicken Soup for the Soul«-Reihe veröffentlicht. Ihr Vater Dr. Deepak Chopra stammt aus Indien und ist in Deutschland als Verfasser zahlreicher Gesundheits- und Lebenshilfebücher bekannt, von denen einige internationale Bestseller waren.

Mallika Chopra

Was ich dir versprechen will …

100 gute Gedanken
und Wünsche für mein Baby

Aus dem Amerikanischen
von Karin Wirth

Mosaik bei
GOLDMANN

FSC
Mix
Produktgruppe aus vorbildlich
bewirtschafteten Wäldern und
anderen kontrollierten Herkünften

Zert.-Nr. SGS-COC-1940
www.fsc.org

Verlagsgruppe Random House FSC-DEU-0100
Das FSC-zertifizierte Papier *Munken Print* für Taschenbücher aus dem
Goldmann Verlag liefert Arctic Paper Munkedals AB, Schweden.

1. Auflage
Deutsche Erstausgabe März 2006

Originaltitel: 100 Promises to My Baby
Originalverlag: Rodale
Umschlaggestaltung: Design Team München
Umschlagfoto: corbis/Julie Nicholls
Redaktion: Beatrix Kunkel
Satz: Filmsatz Schröter GmbH, München
Druck und Bindung: GGP Media GmbH, Pößneck
CH · Herstellung: Han
Printed in Germany
ISBN 10: 3-442-16749-3
ISBN 13: 978-3-442-16749-4

www.goldmann-verlag.de

Meiner Mutter, Rita Chopra, die all die
mütterlichen Qualitäten verkörpert,
dich ich in meinem Leben zu entwickeln hoffe.

Und meinen kostbaren Töchtern, Tara und Leela,
die in meinem Herzen und meiner Seele
eine Liebe geweckt haben, wie ich sie mir nicht einmal
hätte vorstellen können.

»Jedes Kind, das geboren wird, ist ein Beweis dafür, dass Gott die Menschen noch nicht aufgegeben hat.«

Rabindranath Tagore

Inhalt

Vorwort

Meine medizinische Ausbildung fand inmitten einer Revolution statt. Es war eine innere Revolution, die unser Verständnis von Heilung verändern sollte.

Die moderne wissenschaftsorientierte Medizin hat mithilfe eines reduktionistischen Ansatzes in Bezug auf die Behandlung von Krankheiten Enormes geleistet. Dieser Ansatz, nach dem sich – grob gesagt – höherstufige Eigenschaften wie biologische Eigenschaften auf niederstufige Eigenschaften wie molekulare oder physikalische Attribute zurückführen lassen, war bei der Ausrottung großer Infektionskrankheiten wie Polio, Pocken, Malaria und Tuberkulose sehr erfolgreich, aber heute leben wir mit neuen Epidemien. Herz-Kreislauf-Erkrankungen, Krebs, Suchterkrankungen, AIDS sowie soziopathische und psychopathische Verhaltensweisen sind die Epidemien von heute. Wir leben in einer Welt voller Angst und Verzweiflung. Gestörte Beziehungen, zerbrochene Familien und unerfüllte Träume sind zur Norm geworden. Die Erde selbst, unsere Mutter, ist schwer verwundet. Jeden Tag sterben Arten aus. Die Luft, die wir atmen, ist stärker verschmutzt denn je. Unsere Vorräte an Holz, Mineralien und fossilen Brennstoffen schwinden dahin. Der Treibhauseffekt führt zum Ansteigen des Meeresspiegels und Wirbelstürme und Überschwemmungen verwüsten Länder von Honduras bis Bangladesch. Könnte all das mit einer grundlegenden Unordnung im Kern unseres

Daseins zusammenhängen, einer Kluft in unserer kollektiven Seele?

Schon in den Anfängen meiner ärztlichen Ausbildung wurde mir klar, dass der Ansatz der modernen Wissenschaft eine Generation großartiger Techniker hervorbrachte, die alles über den menschlichen Körper wussten, die aber keine Heiler waren, weil ihnen nichts über die menschliche Seele bekannt war. Spirituelle Traditionen lehren uns, dass das Wesen der menschlichen Seele reine Liebe ist und dass Liebe nicht nur ein Gefühl, sondern die letzte Wahrheit im Herzen der Schöpfung ist. Liebe heilt, Liebe erneuert, Liebe gibt uns ein Gefühl der Sicherheit, Liebe inspiriert uns zu großen Taten und Liebe besiegt Angst, selbst die Angst vor dem Tod. Liebe hält das Universum im Innersten zusammen.

Als Arzt habe ich gelernt, dass Liebe eine heilende Kraft ist. Wenn die emotionale Energie der Liebe zwischen zwei Menschen ausgetauscht wird, entsteht ein Gleichklang ihrer inneren Welten. Dieser Gleichklang findet auf allen Ebenen statt – ihre biologischen Rhythmen, ihre Wach-/Schlaf-Zyklen, ihre Immunsysteme und auch ihre Hormonspiegel stimmen sich aufeinander ab. Dasselbe gilt für ihre Gedanken, Gefühle, Träume und Sehnsüchte und die Art und Weise, wie sie die Welt sehen und begreifen.

Während meine Kinder heranwuchsen, wusste ich instinktiv, dass das Wichtigste, was meine Frau und ich ihnen geben konnten, die Selbstachtung, das Selbstvertrauen und die Sicherheit waren, die aus der direkten Erfahrung des eigenen innersten Wesens erwachsen. Dieses innerste Wesen ist ein Ort der Liebe, der Weisheit, der Freude und eines Friedens, der unser Begriffsvermögen übersteigt.

Als meine Tochter Mallika schwanger wurde, vertiefte sie diese Erkenntnis, indem sie ihrem Kind ganz bewusst hundert Versprechen gab. Wir wissen heute, dass die Gedanken, Gefühle und Absichten einer schwangeren Frau die physiologische Entwicklung des Kindes beeinflussen und dass dieser Einfluss sich fortsetzt und verstärkt, wenn das Kind geboren ist und heranreift. Dies geschieht im Spiel, durch emotionale Interaktion, im Erzählen von Geschichten und durch Körpersprache. Wenn eine Mutter Angst empfindet, reagiert das Baby mit einem schnelleren Herzschlag, höherem Blutdruck sowie höheren Adrenalin- und Kortisonspiegeln. Die Persönlichkeit des zukünftigen Erwachsenen wird durch die Gefühle und Haltungen der Mutter beeinflusst und geformt. Indem eine Mutter ihrem Kind Versprechen gibt, sich ihm verpflichtet, beeinflusst sie buchstäblich seine körperliche und gefühlsmäßige Entwicklung und letztlich seine Beziehung zu anderen und zur Welt. Die Mutter muss lernen, sich auf die innere Welt ihres Babys einzustimmen und mit ihr mitzuschwingen. Danach gilt es, eine Bindung zu entwickeln, sodass sie und ihr Kind zu einer Einheit werden. Und anschließend ist es ihre Aufgabe, an der ständigen Umwandlung und Weiterentwicklung dieses neuen Menschen teilzuhaben. Dabei verändert auch sie sich und entwickelt sich weiter. Mutter und Baby helfen einander, ihre innere und äußere Welt zu steuern und umzuwandeln. Ihre biologischen Rhythmen und ihre Heilungsmechanismen sind in einem Tanz miteinander vereint und weben dabei den Teppich der gemeinsamen Erfahrung.

Die größten spirituellen Traditionen haben uns gelehrt, dass die Welt eine Erweiterung unserer selbst ist.

Wenn jede Mutter einen Bund mit ihrem Baby eingehen könnte, würde sich die ganze Welt verändern. Jeder Terrorist war einmal ein Baby und ebenso jeder Heilige. Die Welt ist von den Entscheidungen abhängig, die Mütter treffen.

Die Welt wurde noch nie von Politikern verändert, auch nicht von Wissenschaftlern. Die Mütter der Welt halten den Schlüssel zur Heilung unseres verwundeten Planeten in der Hand. Lasst uns das Versprechen ablegen, dass wir ihnen helfen werden, ihre Versprechen zu halten.

Dr. med. Deepak Chopra

Dank

Ein altes afrikanisches Sprichwort besagt, dass man ein ganzes Dorf braucht, um ein Kind aufzuziehen. In vielerlei Hinsicht geht es auch beim Verfassen eines Buches um Gemeinschaft, da wir von so vielen Menschen Ideen, Anregungen und Unterstützung erhalten. Ich möchte folgenden Personen für ihren Beitrag dazu danken, dass dieses Buch Wirklichkeit werden konnte:

Meinem Vater, Deepak Chopra, der mich immer darin bestätigt und ermutigt hat, dass ich alles erreichen kann, was ich will.

Meiner Mutter, Rita Chopra, die alles so einfach für uns macht, indem sie mit ihrer ruhigen, hingebungsvollen und grenzenlosen Liebe für alles und jeden in unserem Leben sorgt.

Meinem Mann, Sumant Mandal, der an meine Fähigkeiten geglaubt hat und mich zu Dingen ermutigt hat, von denen ich gedacht hatte, dass sie für immer Träume bleiben würden.

Gotham Chopra, dem kleinen Bruder, der mein bester Freund, Berater und Mitarbeiter geworden ist.

Neelam und Suresh Mandal, die mich als ihre Tochter akzeptiert und mir Liebe und Anerkennung geschenkt haben.

Candice Chen und Hemant Mandal, die durch ihre Freundschaft und Liebe wie Bruder und Schwester für mich geworden sind.

Sayantani Dasgupta, Grace Rwaramba, Sarah Ross und Edith Li – meinen lieben Freundinnen, die ebenfalls Autorinnen, Mütter und zukünftige Mütter sind –, deren ehrliche Rückmeldungen, Geschichten und Gedanken von unschätzbarem Wert für mich waren.

Linda Lowenthal, meiner Agentin, die das Potenzial dieses Buches erkannte und mir das Vertrauen gab, zur nächsten Stufe weiterzugehen. Und Heather Jackson, meiner Lektorin, deren persönliche Reise durch Schwangerschaft und Mutterschaft einen so schönen Gedankenaustausch ermöglichte.

Einleitung

Als ich vor einigen Jahren erfuhr, dass ich schwanger war, war dies einer der glücklichsten und aufregendsten Augenblicke meines Lebens. Ich war überwältigt von der Tatsache, dass ein lebendiges Wesen in mir heranwuchs. Ich verbrachte Stunden damit, mir vorzustellen, wie mein Baby aussehen würde, mit ihm zu sprechen, für es zu singen, es zu streicheln und mit meinem Mann, Sumant, Pläne für unsere neue Familie zu schmieden.

Aber während meine Liebe zu meinem Baby von Tag zu Tag wuchs, wuchs auch meine Sorge, ob ich eine gute Mutter sein würde. Würde ich ausreichend für mein Baby sorgen können? Wie würde ich zu seinem Glück oder Unglück beitragen? Wie konnte ich erreichen, dass es andere gut behandelte, dass es sich sicher fühlte, dass es auf dem richtigen Weg war? Was *war* der richtige Weg? Während ich mir darüber Gedanken machte, wurde mir klar, welche große Verantwortung damit verbunden war, eine gute Mutter zu sein.

In dieser Zeit wurde mir zutiefst bewusst, wie dankbar ich meinen Eltern, Rita und Deepak Chopra, für die Sicherheit, Geduld, Liebe und Unterstützung war, die sie mir während meines Heranwachsens gegeben hatten. Ich bin in meinem Leben immer wieder gefragt worden, wie es gewesen sei, als Deepak Chopras Kind aufzuwachsen, wie unsere Eltern meinem Bruder Gotham und mir spirituelle Werte und Vorstellungen vermittelt hätten und wie uns das als Erwachsene beeinflusst habe. Natürlich war unser Vater für Gotham und mich immer nur unser Vater, und Mama war Mama. Wir analysierten nicht, wie es war, mit ihnen aufzuwachsen oder inwiefern sich unser Leben von dem anderer unterschied.

Aber als ich selbst schwanger war, begann ich mehr darüber nachzudenken, wie meine Eltern uns Dinge vermittelt hatten, wie sie uns das Gefühl gegeben hatten, geliebt zu werden, und wie einfach es für uns war, uns über unsere Gefühle auszutauschen. Aufgrund der Arbeit meines Vaters als spiritueller Lehrer und Autor und aufgrund seines Bestrebens, sein Wissen mit uns zu teilen, verstand ich schon früh, wie Liebe und Mitgefühl die Grundlage für alles andere im Leben bildeten – für Gesundheit, Beziehungen, Erfolg und ein Verständnis von Spiritualität.

Gotham und ich hatten eine wunderbare Kindheit – nicht nur wegen der faszinierenden Menschen, denen wir begegneten, sondern weil wir lernten, die Welt mit magischen Augen, mit Neugier und Leidenschaft zu betrachten. Vielleicht fühlte ich mich wegen dieses Hintergrunds während meiner Schwangerschaft dazu angeregt, Verpflichtungen einzugehen, um das, was ich von meinen Eltern, von anderen Familienmitgliedern, von Vorfahren und Freunden und auch aus meiner eigenen Lebenserfahrung gelernt hatte, weiterzureichen. Ich hatte die Hoffnung, Tara eine Kindheit voller Staunen, Magie, Abenteuer und Geheimnisse geben zu können. Und ich fühlte intuitiv, dass ich damit beginnen sollte, während sie noch ein Teil von mir war – irgendwie wusste ich, dass sie zuhören würde.

Mein Wunsch, eine Bindung zu meinem Baby zu entwickeln, lag auch in meinem Wissen darüber begründet, dass die Liebe und Unterstützung, die ein Kind – vielleicht sogar schon im Mutterleib – spürt, spezifische biologische Auswirkungen auf seine Gesundheit, seine Selbstachtung, sein Selbstvertrauen und sein Verhalten haben. Verstandesmäßig wusste ich, dass mein Baby und ich auf allen Ebenen verbunden waren. Aber nun begann ich, mein Baby tatsächlich als eine Erweiterung meiner selbst, meines Körpers, meines Verstandes und meiner Seele zu erleben.

Also fing ich an, Versprechen aufzuschreiben, die ich meinem Kind und mir selbst geben wollte. Die Versprechen waren von der Liebe und Hoffnung inspiriert, die ich in Bezug auf mein Baby empfand, und von der Vorfreude auf den Menschen, zu dem es werden würde. Während des Schreibens erkannte ich, dass jedes Versprechen durch etwas inspiriert wurde, das ich selbst erfahren oder gelernt hatte. Ich fing an, die Geschichten, Erinnerungen und Lektionen aufzuschreiben, die ich mit Tara teilen wollte, während sie heranwuchs, sowie die Werte und Absichten, an die ich selbst erinnert werden musste, während ich mich den Herausforderungen des Elternseins stellte. Beim Schreiben fühlte ich die Bindung zwischen uns wachsen und tiefer werden. Dieser Zusammenhalt wurde nach Taras Geburt nur noch stärker und entwickelt sich weiter, während sie heranwächst. Ich fühle jeden Tag, wie Tara und ich körperlich und gefühlsmäßig verbunden sind und wie unsere gemeinsame Erfahrung von den Versprechen durchdrungen ist, die ich ihr gab. Ich sehe, dass meine Liebe zu ihr einen Widerhall in ihrer Liebe zu mir findet. Ich weiß, dass wir ständig wachsen und uns gemeinsam weiterentwickeln.

Tara ist jetzt zwei Jahre alt. Durch ihre Geburt und das darauf folgende Jahr wurde mein Schreibprojekt an die Seite gedrängt, während ich ganz in die Erfahrung eintauchte, Mutter zu sein. Dies liebe ich mehr als alles andere, was ich bisher in meinem Leben getan habe. Ich habe auch festgestellt, dass mir manches von Natur aus leicht fällt, während andere Dinge schwer, sehr schwer sind. Man braucht Geduld, Entschlossenheit und Verständnis. Und ich muss gestehen, dass einige der Versprechen, die ich Tara ursprünglich gegeben hatte, sich nicht wirklich umsetzen ließen – beispielsweise das Versprechen, nie nein zu sagen.

Seit Tara aktiver geworden ist, Tag für Tag dazulernt und ihre Umgebung erkundet, habe ich meine Versprechen aus der Schublade geholt und beschlossen, mich wieder auf sie zu konzentrieren. Ich wollte mich wieder an die Verpflichtungen erinnern, die ich bei ihrer Geburt eingegangen war, und fühlte mich dazu angeregt, noch mehr Versprechen aufzuschreiben. Einige Wochen, nachdem ich meine Aufzeichnungen wieder hervorgeholt hatte, stellte ich auch fest, dass ich erneut schwanger war! Es ist kaum ein Zufall, dass meine Leidenschaft für das Projekt von der Liebe zu Tara und meinem neuen Baby, Leela, das in mir wuchs, getragen wurde.

Ich habe durch diesen Prozess erfahren, dass die Bindung zwischen einem Elternteil und einem Kind eine der wichtigsten Beziehungen zwischen zwei Menschen ist. Elternsein nimmt heute vielerlei Formen an und ist mit den verschiedensten Problemen verbunden – von der Verantwortung allein erziehender Eltern, über Elternsein nach Trennung oder Scheidung bis hin zu Eltern aus unterschiedlichen

Kulturkreisen, Adoption, Elternsein in besonders frühem oder höherem Alter und Elternschaft bei voller Berufstätigkeit. Aber wo auch immer wir innerhalb des breiten Spektrums möglicher Elternrollen stehen – wir sind alle durch die Verantwortung gebunden, die wir bei der Formung der Erwachsenen von morgen spielen. Als Eltern besitzen wir die Fähigkeit, neue Weltbürger zu schaffen, die die Welt verändern können. In einer Welt, die oft von Angst und Gewalt geprägt ist, wird diese Rolle umso wichtiger. Wenn wir alle das Versprechen geben, unsere Kinder Liebe, Respekt, Ehrgefühl und Zufriedenheit zu lehren, dann tragen wir unseren Teil dazu bei, eine sicherere Welt für sie zu schaffen.

Meine geliebten Babys Tara und Leela,

ihr beiden habt mein Leben für immer verändert. Ihr habt mir eure wunderbare Gegenwart geschenkt und eine grenzenlose Liebe in mir geweckt.

Die Erinnerung daran, euch in meinem Leib wachsen zu fühlen, die Ehrfurcht vor dem Leben, das ich nähren durfte, das Wunder eines neuen Lebens, ist mir sehr kostbar. Ihr habt mir das Gefühl gegeben, vollkommen lebendig und wach, demutsvoll, inspiriert und auserwählt zu sein.

Wenn ich euch nur ansehe, schmilzt mein Herz vor Freude und Liebe. Ich staune jeden Augenblick über euch, über jeden Schrei, jedes Lächeln, jedes Wort und jeden Augenblick eures Daseins. Trotz all der Unsicherheit, der schlaflosen Nächte, des Bemühens, sich an Neues anzupassen, und der Fragen, ob ich euch richtig erziehe, habe ich nie daran gezweifelt, dass ihr die großartigsten, wertvollsten Geschenke seid, die ich je erhalten habe.

Ich beobachte, wie ihr die Welt erlebt, und bewundere das Stau-

nen in euren Augen. Ich freue mich auf unsere lebenslange Entdeckungsreise und darauf, euch bei der Eröffnung endloser Möglichkeiten für eure wunderbare Zukunft zu helfen. Ich fühle mich jeden Tag bereichert durch das, was ihr mich lehrt.

Es ist mein Wunsch, dass ihr in Liebe, Freude, Sicherheit und Freiheit aufwachst, dass ihr jeden Moment grenzenlose Energie und Leidenschaft spürt. Ich hoffe, dass ihr den Zauber und die Schönheit des Lebens spürt und die Kraft habt, in eurer Welt etwas zu bewirken.

In diesem Geiste gebe ich euch beiden hundert Versprechen. Es sind Versprechen, die ihr noch jahrelang nicht verstehen werdet, an die ich mich aber mein Leben lang gebunden fühlen werde. Diese Versprechen werden uns helfen, gemeinsam zu wachsen und Freude und Glück um uns zu verbreiten.

Ich liebe euch beide von ganzem Herzen, meine kleinen Engel, und ich fühle mich geehrt, mein Leben mit euch teilen zu dürfen.

Eure euch liebende Mutter

Mallika Chopra

Versprechen (jmdm.) etwas ~ *geloben, zusichern, ausdrücklich erklären, etwas bestimmt zu tun*

Wahrig, Wörterbuch der deutschen Sprache

Beziehungen

Wie wir Bindungen
zueinander und zur Welt
entwickeln können

1

Ich verspreche, immer daran zu denken, dass ihr mein Geschenk von Gott seid.

Eines Morgens, als ich am Meer spazieren ging, hatte ich plötzlich das schöne Gefühl, dass etwas Lebendiges in mir war. Ich lachte leise vor mich hin, als ich mir vorstellte, wie ich meinem Mann, Sumant, sagen würde, dass wir ein Baby erwarteten.

Und dann schwappte eine Woge der Emotionen über mich hinweg. Ich fühlte eine starke und vibrierende Präsenz im Innersten meiner Seele. In diesem Augenblick spürte ich Daddy, meinen geliebten Großvater, in meinem Herzen. Daddy war drei Monate zuvor verstorben, aber in diesem Augenblick am Wasser fühlte ich, wie sein Geist seinen ersten Urenkel segnete.

Daddy sagte mir einmal, dass das folgende Gedicht von Dschelaladdin Rumi ihn immer an seine eigenen Gefühle für seine Enkel erinnere. Während ich meine eigene Reise als Mutter antrete, schwingt darin noch mehr von dem mit, was ich schon immer empfunden habe, wenn ich an das Mutterwerden und den Zauber meiner künftigen Kinder gedacht habe.

Die Alchemie der Liebe

Du kommst zu uns
aus einer anderen Welt.

Von jenseits der Sterne
und der Leere des Raums.
Transzendent, rein,
von unvorstellbarer Schönheit.
Und bringst uns
die Essenz der Liebe.

Du verwandelst alle,
die von dir berührt werden.
Weltliche Sorgen,
Nöte und Leiden
lösen sich in deiner Gegenwart auf
und bringen Freude.
Den Herrschenden und den Beherrschten,
dem Bauern und dem König.

Deine Gnade versetzt uns
in Erstaunen.
Alles Böse
verwandelt sich in Güte.

Du bist der größte Alchemist.

Du entzündest das Feuer der Liebe
auf Erden und im Himmel.
Im Herzen und in der Seele
jeden Geschöpfs.

Durch deine Liebe werden
Existenz und Nicht-Existenz
zu einem Ganzen.
Alle Gegensätze vereinigen sich.
Alles Profane
wird wieder heilig.

Dschelaladdin Rumi

2

Ich verspreche, die Freude auf dein Erscheinen in unserer Welt zu genießen.

Etwa sechs Wochen vor dem Geburtstermin unserer zweiten Tochter, Leela, wurde mir plötzlich bewusst, dass ich sie bald im Arm halten würde. Ich versuchte mich daran zu innern, wie ich mich während der ersten Schwangerschaft in diesem Stadium gefühlt hatte, aber diesmal empfand ich ganz anders. Ich hatte weniger Angst vor dem Unbekannten und empfand mehr freudige Aufregung, wenn ich an die glücklichen und kostbaren Augenblicke dachte, die mich erwarteten. Es gab auch schon ein Gefühl von Wehmut, weil ich wusste, dass Leelas Babyzeit im Nu vorüber sein würde.

Mitten in der Nacht lag ich wach, während sie sich in mir bewegte. Das Wunder der Verbundenheit mit diesem anderen Wesen ist wirklich eine der spirituellsten Erfahrungen, die ich je hatte. Ich dachte daran, wie ich Tara nach ihrer Geburt beobachtet und Bewegungen wieder erkannt hatte, die ich schon in meinem Leib gespürt hatte. Ich stellte mir vor, wie vertraut mir Leela schon sein würde, wenn ich sie bald in meinen Armen halten würde.

Ich dachte aber auch an die Schwierigkeiten, die es mit Tara gegeben hatte, die schlaflosen, anstrengenden Nächte, die Probleme beim Stillen und die Versuche, herauszufinden, warum sie weinte. Aber all das trat in den Hintergrund, wenn ich mich an die atemlosen Momente erinnerte, in denen ich sie voller Staunen bewundert hatte.

Ich versuchte mir vorzustellen, wie es sein würde, noch ein Baby im Arm zu halten. Ich streichelte meinen Bauch und summte leise vor mich hin, konzentrierte all meine Liebesenergie auf die sich entfaltende Seele der kleinen Leela. Ich stellte mir vor, wie sie aussehen würde, wie sie riechen und sich anfühlen würde.

Welch eine wunderbare und magische Reise erwartete uns! Ich konnte es kaum erwarten, sie in unserer Welt willkommen zu heißen.

Anregung

Denken Sie an den Augenblick, als Sie erfuhren, dass Sie schwanger waren. Was war Ihr erster Gedanke? Hatten Sie eine Vorstellung von Ihrem Baby? Wie hat sich diese Vorstellung im Laufe der Schwangerschaft verändert?

3

Ich verspreche, dir zu zeigen, dass wir immer zusammen sein werden.

Es wird Zeiten geben, in denen du dich ängstlich, allein und traurig fühlst, und ich werde nicht da sein, um dich im Arm zu halten. Ich werde dir nicht den Rücken streicheln können, damit du besser einschläfst. Ich werde nicht deine Tränen wegwischen, ein Lied für dich singen oder dir kleine Küsse geben können, damit du wieder lächelst.

Es wird Zeiten geben, in denen du vielleicht hinfällst und dir wehtust, und ich werde deine Wunde nicht wegküssen und alles wieder heil machen können.

Es wird Zeiten geben, in denen dich jemand mit Worten verletzt, und ich werde nicht da sein, um dir zu sagen, dass seine Worte nur Ausdruck seiner eigenen Unsicherheit sind.

Und es wird Augenblicke geben, in denen ich deine Bedürfnisse nicht spüren kann, indem ich dich einfach ansehe oder den Ton deines Weinens höre.

Aber du sollst wissen, dass du niemals allein sein wirst, dass ich immer für dich da sein werde. Wenn du mich brauchst und ich nicht in deiner Nähe bin, lenke deine Aufmerksamkeit auf dein Herz. Dann wirst du meine Gegenwart spüren. Dann wirst du dich erinnern. Du wirst die Wärme meiner Umarmung fühlen, du wirst den Klang meiner Stimme hören, und du wirst wissen, dass ich dich liebe.

Wir sind für immer miteinander verbunden und werden nie wieder vollkommen allein sein.

4

Ich verspreche, mir ein offenes Herz zu bewahren, während sich unsere Beziehung verändert und weiterentwickelt.

Der Anfang meiner Beziehung zu Sumant war eine aufregende Zeit. Es gab sofort eine Verbindung zwischen uns und ich erwachte jeden Morgen voller Vorfreude auf seinen Anruf oder die Begegnung mit ihm.

In unserem ersten Ehejahr gab es, wie bei den meisten Paaren, Probleme, Streit, Enttäuschungen und Fragen. Aber es war auch eine Zeit, in der wir uns besser kennen lernten und eine stabilere Grundlage für unsere Beziehung aufbauten. Es war eine Zeit, in der wir ineinander und in die Liebe verliebt waren, und der Zauber all dessen machte es viel einfacher, mit den Problemen umzugehen.

Während der nächsten fünf Jahre veränderte sich unser Leben dramatisch, als wir von Indien in die USA übersiedelten, unsere Ausbildung fortsetzten, unsere berufliche Laufbahn in Angriff nahmen und unser gemeinsames Leben wirklich zu leben begannen. Aus unserer Verliebtheit waren tiefe Freundschaft und Respekt geworden, und wir unterstützten uns gegenseitig dabei, unsere gemeinsamen und individuellen Träume zu realisieren.

Als wir Eltern wurden, gelangte unsere Beziehung auf

eine ganz neue Ebene. Es besteht ein heiliges Band zwischen uns. Wir haben neues Leben geschaffen. Wir fühlen uns älter, verantwortungsvoller und ernsthafter im Hinblick auf unser Leben und unsere Beziehung. Wir sehen diese Wunder an, unsere Kinder, die wir gemeinsam geschaffen haben. Sie sind das Symbol unserer Liebe, völlig von uns abhängig und voller Vertrauen in uns. Ich verliebe mich immer wieder neu in Sumant, während ich ihn als Vater erlebe.

Ich betrachte andere Beziehungen in meinem Leben und erkenne, wie sie sich im Laufe der Zeit weiterentwickelt haben. Meine Eltern, die früher meine alleinigen Versorger waren, sind jetzt meine engen Freunde. Ich sehe, wie sie mit ihren Enkeln umgehen und wie sie sich als Einzelpersonen und als Paar weiterentwickeln. Mein Bruder hat sich vom oft nervigen, aber liebenswerten jüngeren Bruder zu einem guten Freund und meinem kreativen und professionellen Mitarbeiter entwickelt. Manche Freundschaften haben sich verändert, weil sich unser Leben verändert hat, andere haben ihre besondere Bedeutung behalten, weil es gemeinsame Erinnerungen gibt.

Und jetzt fange ich an, Beziehungen zu meinen Kindern aufzubauen. Auch diese Verbindungen werden sich im Laufe der Jahre verändern, und wir werden freudige und auch angespannte Momente erleben. Aber ich werde jeden Schritt dieser Reise genießen, weil es die kostbarste Reise meines Lebens sein wird.

5

Ich verspreche, bei der Sorge für dich meinen Instinkten zu vertrauen.

Als Tara geboren wurde, wollte ich sie ständig im Arm halten. Ich liebte ihre Wärme, ihren Geruch, ihr Mienenspiel und einfach das Gefühl, sie nahe bei mir zu haben. Wenn ich sie nicht im Arm hielt und sie anfing zu weinen, nahm ich sie sofort hoch, um sie zu streicheln, zu küssen und zu trösten. Ich konnte es nicht ertragen, sie weinen zu hören. Andere Leute sagten mir, dass ich sie zu viel herumtrüge, dass ich sie verwöhnte. Sie sagten, dass das Schreien gut für ihre Lungen sei und dass sie dadurch unabhängiger würde. Ich konnte das, was sie mir sagten, nicht nachvollziehen. Warum sollte ich mein Kind nicht verwöhnen? Warum sollte ich sie weinen lassen und zulassen, dass sie lernte, allein zu sein?

In den nächsten Monaten war Tara immer noch ständig in meiner Nähe. Sie fremdelte stark und wollte immer bei mir sein. Wenn Tara weinte, wurde mir gesagt, ich solle sie den Umgang mit der Angst lernen lassen, statt sie hochzunehmen und in einem anderen Raum zu beruhigen. Man sagte mir, dass ich mich zu sehr verausgaben würde und dass Tara nicht lernen würde, mit anderen Menschen umzugehen. Aber auch diese Ratschläge leuchteten mir nicht ein. Taras Angst war echt und sie beruhigte sich in meinen Armen. Ich wollte ihr zeigen, dass ich in ihrer Nähe war, dass ich ihr half, Erfahrungen zu bewältigen und die Welt zu entdecken.

Tara begann mit sechs Monaten, bei mir und Sumant zu schlafen, nachdem wir eine Reise nach Indien unternommen hatten, wo sie ein Bett mit uns geteilt hatte. Als wir zurückkehrten und Tara sich weigerte, in ihrem eigenen Bettchen zu schlafen, sagte man uns, dass sie sich schnell anpassen würde, wenn wir sie weinen ließen. Das wäre sicher so gewesen, aber keiner von uns beiden konnte es ertragen, sie schreien zu hören. Außerdem fanden wir es schön, Tara bei uns im Bett zu haben. Ihr warmer Körper, ihr sanfter Atem, ihr Babygeruch, ihre Bewegungen – all das gab uns ein Gefühl von Liebe und Geborgenheit. Sumant und ich konnten uns nicht vorstellen, ohne sie zu schlafen. Wieder wurden wir gewarnt, dass wir sie nie wieder aus unserem Bett herausbekommen würden und dass wir sie dazu zwingen müssten. Wieder stellte ich diese Ratschläge in Frage. Warum sollte ich sie zwingen? Sie fühlte sich bei uns sicher. Bald hätte sie bestimmt selbst das Bedürfnis, allein zu schlafen. Mir war es lieber, wenn sie es tat, wenn sie selbst dazu bereit war. Das gemeinsame Schlafen mit ihr war eine der schönsten und kostbarsten Zeiten in unserem Leben.

Tara ist jetzt fast zweieinhalb Jahre alt. Sie ist selbstsicher und glücklich. Sie lässt kaum noch zu, dass ich sie im Arm halte oder mit ihr kuschle, weil sie zu sehr damit beschäftigt ist, herumzurennen und mit ihren Spielsachen und ihren Freunden zu spielen. Sie hat keine Angst mehr vor Fremden, sondern ist neugierig darauf, mit Menschen zu sprechen und von ihnen zu lernen. Tara schläft immer noch bei uns, aber hin und wieder sagt sie mir, dass sie in ihrem Zimmer, in ihrem Bett, schlafen will. In diesen Nächten muss ich mich zwingen, sie nicht zurückzuhalten, weil es mir viel lieber wäre, wenn sie bei uns schlafen würde.

Ich bekomme immer noch Ratschläge und erfahre, dass ich etwas falsch mache. Ich höre höflich zu, aber ich weiß, dass ich glückliche und sichere Beziehungen zwischen uns und der Welt aufbauen kann, wenn ich meinem Herzen folge.

Anregung

Fragen Sie sich, welche Lektion oder Wahrheit, die Sie schon immer hätten lernen sollen, Ihr Baby Sie lehren könnte wie sonst niemand auf der Welt.

6

Ich verspreche, immer mit dir zu reden und dir zuzuhören.

Ich begann in dem Augenblick, als ich von meiner Schwangerschaft wusste, mit Tara zu sprechen. Ich wusste nicht, ob sie mich hören konnte, aber ich wusste, dass sie spüren würde, wie kostbar sie für mich war.

Wenn ich etwas Schönes sah oder hörte, tätschelte ich sanft meinen Bauch, weil ich irgendwie das Bedürfnis hatte, meine Freude mit ihr zu teilen. Wenn ich allein im Haus war, erzählte ich ihr, was gerade passierte oder was ich fühlte. Ich summte ihr Lieder vor, wenn ich spazieren ging, oder las ihr vor dem Einschlafen meine Lieblingsgedichte vor. Ich forderte auch Sumant auf, ebenfalls mit ihr zu sprechen. Er tut sich in solchen Dingen etwas schwer, aber ich ermunterte ihn trotzdem, es zu versuchen. Manchmal kam es mir ziemlich lächerlich vor, so viel mit dem kleinen Fötus in mir zu sprechen, aber es war für mich eine Möglichkeit, eine Beziehung zu meinem Baby aufzubauen, das manchmal noch wie eine abstrakte Vorstellung war. Es war eine Möglichkeit, Tara mit unserem Leben vertraut zu machen und sie darin willkommen zu heißen.

Als Tara geboren war, erkannte sie unsere Stimmen. Sie hatte unsere Unterhaltungen, unser Summen und unsere geflüsterten Liebeserklärungen gehört. Und als Tara auf der

Welt und in unseren Armen war, setzten wir einfach das Gespräch fort, das wir die ganze Zeit schon mit ihr geführt hatten.

Tara und ich sprechen ständig miteinander. Ich bin nie einsam, wenn Tara bei mir ist, weil wir es gewohnt sind, unsere Gefühle und Gedanken miteinander zu teilen.

Als ich wieder schwanger war, begann ich einen Dialog mit Leela, in den Tara einbezogen war. Wir lasen Leela zusammen Bücher vor und sprachen darüber, wie sich unser Leben verändern würde, wenn sie auf die Welt käme. Tara tätschelte meinen Bauch und sprach mit ihrer kleinen Schwester. Sie erzählte ihr von ihrer Familie, von Freunden und Spielsachen. Sowohl Tara als auch ich drängten Sumant, ebenfalls mit Leela zu sprechen, und er konnte uns diese kleine Freude nicht verweigern.

Es ist so schön zu wissen, dass meine Töchter Tara und Leela ein Leben lang meine Partnerinnen und Freundinnen sein werden, mit denen ich immer werde sprechen und meine Freuden und Sorgen teilen können. Wenn wir als Eltern von Anfang an mit unseren Kindern reden, können wir in einen lebenslangen Dialog eintreten.

Anregung

Schreiben Sie ein Versprechen auf, das sich auf die – physische, emotionale und geistige – Verbindung bezieht, die Sie zu Ihrem Kind aufbauen möchten.

7

Ich verspreche, die besonderen Beziehungen zu deinen Geschwistern und anderen Familienmitgliedern zu schützen und zu fördern.

Während seiner Jugend waren mein Vater und sein jüngerer Bruder die engsten Freunde. Eines Tages, als sie etwa zwölf und zehn Jahre alt waren, gingen sie mit dem Taschengeld, das sie seit Wochen gespart hatten, auf den Markt und kauften ein Luftgewehr. Sie wussten, dass ihre Eltern wütend darüber sein würden, und genossen die Heimlichkeit dieses Geschäfts. Sie gingen zum Park und begannen mit Zielübungen. Sie fühlten sich großartig bei ihrem Abenteuer und beschlossen, dass einer von ihnen mit einem Apfel auf dem Kopf unter einem Baum stehen und der andere ihm den Apfel vom Kopf schießen würde. Mein Vater stellte sich freiwillig als Erster unter den Baum und mein Onkel gab den ersten Schuss ab.

Die Kugel verfehlte das Ziel und traf stattdessen das Kinn meines Vaters. Als er unter Schmerzen zusammensank, rannte sein Bruder zu ihm und wusste nicht, was er tun sollte. Sein erster Gedanke war, nach Hause zu laufen, alles zuzugeben und ihrem Vater von dem Unfall zu berichten. Aber mein Vater hielt ihn zurück. Der Schmerz war nichts im Vergleich zu dem Zorn Daddys, dem sie ausgesetzt sein würden.

Also gingen sie stattdessen zum Haus eines Freundes, schlichen sich durch den Hintereingang hinein und ließen die Wunde von einem Diener reinigen und verbinden. Die Kugel blieb an Ort und Stelle. Als sie nach Hause kamen und ihre Eltern fragten, was passiert sei, taten beide, als ob nichts Besonderes vorgefallen sei. Sie hätten die Verletzung dem Vater ihres Freundes gezeigt, der ebenfalls Arzt war. Mein Großvater sah meinen Vater und meinen Onkel misstrauisch an und spürte wohl, dass etwas nicht stimmte, ließ es aber erst einmal dabei bewenden.

Mein Vater krümmte sich in jener Nacht vor Schmerzen und mein Onkel fand Medikamente, die er ihm geben konnte. Trotz der Schmerzen beschlossen sie zusammenzuhalten und es gelang ihnen irgendwie, seine Beschwerden vor den misstrauischen, allwissenden Augen der Eltern zu verbergen. Jeder fürchtete, dass der andere Schwierigkeiten bekommen würde, wenn sie es meinem Großvater sagten – mein Vater, weil er der Ältere war, der den Jüngeren angestiftet hatte, und mein Onkel, weil er derjenige war, der geschossen hatte.

Nach einigen Tagen infizierte sich die Wunde schließlich, und es gab keinen anderen Ausweg mehr. Sie gingen beide mit hängenden Köpfen zu meinem Großvater und baten ihn, sich die Wunde anzusehen. Als mein Großvater den Verband entfernte und die winzige Kugel im Kinn meines Vaters fand, erschrak er, aber er machte ihm keine Vorwürfe und stellte auch keine Fragen. Er respektierte die Solidarität zwischen ihnen, entfernte wortlos die Kugel und reinigte die Wunde.

8

Ich verspreche, dir die Verbindung zwischen dir und deinen Vorfahren und Nachkommen zu erklären.

Bei den Indianern Nordamerikas gibt es die Tradition, sich folgende Frage zu stellen, bevor man etwas tut oder äußert: »Wird es den Eltern, den Großeltern und den Urgroßeltern zur Ehre gereichen? Wird es den Kindern, den Enkeln und den Urenkeln von Nutzen sein?«

Durch solche Gedanken entsteht eine Verbindung zwischen jedem Einzelnen von uns und seinen Vorfahren und Nachkommen. Wir fühlen uns mit jedem anderen Geschöpf im Universum verbunden und stellen uns unsere Existenz als Teil eines größeren Zusammenhangs vor, das die Vergangenheit mit der Zukunft verbindet. Das ist ein sehr starkes spirituelles Konzept, durch das unser Dasein und das, was wir erreichen können, einen universellen, zeitlosen und tieferen Sinn erhält.

Durch diese Vorstellung von unserem Leben im Kontext anderer Generationen wird mir viel klarer, wie meine eigenen Erfahrungen die Erfahrungen derer, die vor mir kamen, widerspiegeln. Andere haben sich schon mit den Problemen auseinander gesetzt, die ich habe, haben den Schmerz und die Liebe empfunden, die ich empfinde, und haben Hindernisse aus dem Weg geräumt, sodass mir Chancen eröffnet wurden, die sie nicht hatten. Ich kann unsere Entwicklung als Individuen, die Teil eines größeren Kontinuums sind, erkennen und wertschätzen, und ich weiß, dass ich mit einem Universum verbunden bin, das mich nähren und erhalten wird.

Mir ist auch bewusst, dass meine Entscheidungen diejenigen, die nach mir kommen werden, beeinflussen werden. Als Mutter war es mein unmittelbares Bedürfnis, eine sichere, glückliche und emotional anregende Umgebung für meine Kinder zu schaffen. Aber als Mutter zukünftiger Generationen denke ich, dass meine Verantwortung für die Erde, für andere Völker und Kulturen, für die Technik, die Kreativität, die Kunst, das Wissen und den Frieden eine viel größere Bedeutung hat. Ich möchte Chancen für meine Kinder und all die anderen Kinder in den nachfolgenden Generationen eröffnen.

Dadurch wird die Gegenwart viel dynamischer, bedeutsamer und sinnerfüllter. Unser Verhalten als Eltern hat mehr Bedeutung, und wir können unseren wichtigen Platz in der Geschichte erkennen.

9

Ich verspreche, dich an die Zeiten unserer gemeinsamen Lieder, Spiele und Tänze zu erinnern.

Letzte Nacht habe ich von dir und mir geträumt, mein Baby.

Wir waren miteinander in einem kleinen Dorf, von Verwandten und Freunden umgeben, die sangen und tanzten, die mit lächelnden Gesichtern und beschwingten Schritten feierten. Es gab Lichter und Musik, Essen und Getränke. Du warst meine ältere Schwester, die mich in ihren Armen hielt und mit mir von einem lächelnden Gesicht zum anderen ging. Ich erinnere mich, wie ich dein Gesicht streichelte, dich küsste und erkannte, dass die Liebe, die jetzt zwischen uns besteht, über viele, viele Generationen gehegt wurde.

Und jetzt kann ich mir all die Augenblicke vorstellen, die wir in den nächsten Jahrtausenden teilen werden. Ich sehe uns eine Reise voller Hoffnung, Abenteuer, Erwartung und Optimismus antreten. Ich sehe uns als kleine Welpen, die in einem warmen Wurf geboren werden, miteinander aufwachsen, mit einem weichen, pelzigen Ball spielen und in einem kleinen Korb zusammen schlafen. Ich sehe uns als altes Paar, in gegenseitiger Liebe geborgen und in Frieden mit der Welt. Ich stelle mir dich als meine Lehrerin vor, die mich in traurigen Zeiten unterstützt und mich anlächelt, wenn ich Erfolg habe. Du und ich sind zwei Vögel, die in einem klaren, warmen blauen Himmel zusammen fliegen, und unsere Bewegungen sind wie in einem kosmischen Tanz aufeinander abgestimmt. Immer wieder spielen wir neue Rollen, mit neuen Kostümen, anderen Temperamenten und an anderen Orten. Wir streiten und lachen und spielen und schreien und tanzen, aber wir sind da und entdecken in unseren vielen Verkleidungen uns selbst und einander und das Universum.

Und dann sehe ich uns als zwei Sterne in einer Galaxis aus funkelndem Licht, als Stiel und Knospe einer schönen Rose und als Regentropfen, die in einem üppigen Dschungel fallen. Ich sehe dich als Wasser, das einen Bergfluss hinabströmt, und ich fühle, wie ich mit dir um die Wette fließe, um den weiten Ozean zu erreichen. Ich sehe uns als zwei Wolken, die am Himmel dahingeweht werden, und als das Feuer der Sonne, das die Planeten unter uns erwärmt.

Und obwohl ich weiß, dass wir schon lange zusammen sind und noch viele Leben vor uns haben, betrachte ich dich voller Ehrfurcht. Ich liebe dich wie beim ersten Mal, und ich freue mich auf all die Augenblicke, in denen wir uns wieder neu kennen lernen werden.

Zwischen uns als Mutter und Kind besteht eine Verbindung, die zeitlos, endlos und rein ist. Lass uns diese Liebe, durch die wir für immer miteinander verbunden sein werden, hochhalten und pflegen.

10

Ich verspreche, dir die Verbindung zwischen dir und dem Universum zu zeigen.

Es war einmal ein strahlend heller Stern, Millionen von Kilometern entfernt. Sein Name war Tara. Er war warm und hell und verströmte Liebe und Glück in der Galaxis. Die anderen Sterne und Monde und Planeten und das ganze Universum liebten Tara und waren von ihm abhängig.

Tara hatte einen einzigen Wunsch. Mehr als alles andere erhoffte er, sich selbst zu sehen. Tara hatte keine Augen und ohne Augen konnte er nicht sehen. Eines Nachts dachte Tara angestrengt nach. Er fragte sich: »Wie kann ich mich selbst sehen?« Er dachte an all die Möglichkeiten, die er hatte, Augen zu bekommen. Schließlich hatte er eine großartige Idee.

Aufgeregt atmete Tara tief ein und schickte sein helles Licht durch das Universum. Es war der ungewöhnlichste Anblick, den das Universum je gesehen hatte. Die anderen Sterne, Monde und Planeten feierten, und der schwarze Himmel war von Kometen und dem warmen Licht der Monde und Planeten erfüllt, die Taras helles Licht widerspiegelten.

Einer von Taras Lichtstrahlen landete auf dem Planeten Erde, der von dichtem Dschungel, klaren Gewässern, schneebedeckten Bergen und bunten Blumenwiesen überzogen war. Die Erde empfing gern das Licht und die Wärme der Sterne und sie lächelte, als sie Tara willkommen hieß.

Ein Apfelbaum wachte gerade auf, als ihn Taras Licht traf. Er nahm schnell seine Energie auf und begann köstliche, saftige Äpfel wachsen zu lassen. Mehr und mehr Äpfel wuchsen auf dem Baum, und Tara war stolz darauf, dass sein Licht so wunderbare Früchte geschaffen hatte.

An einem schönen Frühlingstag ging eine junge Frau durch den Obstgarten. Als sie an dem Apfelbaum vorbeikam, fiel ein reifer Apfel auf ihren Weg. Die junge Frau hob ihn auf und bewunderte seine intensive Farbe und seine glänzende Schale. Sie biss voller Vorfreude hinein. Es war die köstlichste Frucht, die sie je gekostet hatte. Die junge Frau lief nach Hause, um den Apfel mit ihrem Mann zu teilen. Tara lächelte oben am Himmel, als er spürte, wie glücklich die junge Frau und ihr Ehemann waren, als sie die kostbare Frucht aßen.

Bald bemerkte die junge Frau, dass durch die Energie des Apfels ein neuer Samen in ihr gepflanzt worden war. Aber es war nicht der Samen eines Apfels, sondern der Samen eines neuen Babys. Die junge Frau konnte ihr Baby in sich wachsen spüren, und sie war sehr glücklich. Als das Baby geboren wurde, war es das schönste Baby, das die junge Frau und ihr Mann je gesehen hatten. Das Baby hatte große, unschuldige, leuchtende Augen, aus denen buchstäblich das Licht herausstrahlte. Die junge Frau und ihr Mann nannten das Baby Tara, weil seine Augen die Gesichter all derer, die es ansahen, erhellten. Oben am Himmel feierte Tara, der Stern, weil er sich jetzt durch die Augen des Babys sehen konnte.

Jede Nacht bestaunte das Baby Tara die Sterne. Es kicherte und gluckste und sprach mit ihnen. Sein Lieblingsstern war der hellste am Himmel. Tara betrachtete den Stern und dachte darüber nach, wie schön er war. Sie warf ihrem Stern eine Kusshand zu, bevor sie Gute Nacht sagte, und der Stern lächelte zurück und zeigte dabei ein Flackern, das nur das Baby Tara sehen konnte.

Durch dieses allnächtliche Ritual wusste Tara im Innersten ihrer Seele, dass sie Teil eines größeren Universums und eines allumfassenden Geistes war. Sie war mit den Sternen, der Sonne, der Erde und dem Wind verbunden. Ihr Geist war so unendlich, frei und leuchtend wie die Sterne, die den Nachthimmel erhellten.

Anregung

Versprechen Sie, Geschichten, Gedichte und Weisheiten mit Ihrem Kind zu teilen, aus denen es erkennen kann, wie es mit anderen Menschen, der Erde, dem Universum und einem höheren Geist verbunden ist.

Hoffnungen

Wie ich meine Aufgabe
als Mutter erfüllen möchte

11

Ich verspreche, dir Halt zu geben, aber mich nie an dich zu klammern.

Wenn du mich mit deinen großen Augen ansiehst, eine Umarmung, einen Kuss, Trost und Sicherheit suchst, schmilzt mein Herz vor Freude dahin. Ich bin sofort bei dir und weiß, dass du heute mit all deinen Bedürfnissen zu mir kommst. Ich sehne mich danach, dich im Arm zu halten, dich zu beschützen, dich zu nähren. Obwohl es mir selbst Erfüllung gibt, deine Wünsche zu erfüllen, muss ich mich ständig daran erinnern, dass ich dir in Wirklichkeit nur für kurze Zeit den Weg weisen darf. Du bist auf deiner eigenen Reise, eine Knospe, die sich zu ihrer eigenen leuchtenden Blüte entfalten wird.

Ich weiß, dass eine Zeit kommen wird, in der du dich nicht mehr mit all deinen Bedürfnissen an mich wenden wirst, in der du deine eigenen Antworten wirst suchen müssen, in der du in die Welt hinausziehen und deine eigenen Schätze sammeln wollen wirst. Ich weiß, dass eine Zeit kommen wird, in der ich dich werde gehen lassen und mir werde eingestehen müssen, dass du alt genug bist, um deine eigenen Entscheidungen zu treffen und über dein Handeln zu bestimmen.

Ich verspreche dir, dass ich dich gehen lassen werde und dir die Freiheit lassen werde, zu wachsen und eine eigenständige Person zu werden. Wann immer du meinen Rat, meine Umarmung und mein Lächeln suchen wirst, werde ich für dich da sein. Ich werde deinen Ruf hören und immer ein Anker für dich sein, wenn du mich brauchst. Ich weiß zwar, dass es mir manchmal schwer fallen wird, mich zurückzuhalten, aber ich werde deine Freiheit respektieren und dir Flügel geben, damit du voller Selbstvertrauen, Freude und Sicherheit davonfliegen kannst.

Von den Kindern

Und eine Frau, die einen Säugling an der Brust hielt, sagte:

Sprich uns von den Kindern.

Und er sagte:

Eure Kinder sind nicht eure Kinder.

Sie sind die Söhne und Töchter der Sehnsucht des Lebens nach sich selber.

Sie kommen durch euch, aber nicht von euch,

Und obwohl sie mit euch sind, gehören sie euch doch nicht.

Ihr dürft ihnen eure Liebe geben, aber nicht eure Gedanken,

Denn sie haben ihre eigenen Gedanken.

Ihr dürft ihren Körpern ein Haus geben, aber nicht ihren Seelen,

Denn ihre Seelen wohnen im Haus von morgen, das ihr nicht besuchen könnt, nicht einmal in euren Träumen.

Ihr dürft euch bemühen, wie sie zu sein, aber versucht nicht, sie euch ähnlich zu machen.

Denn das Leben läuft nicht rückwärts, noch verweilt es im Gestern.

Ihr seid die Bogen, von denen eure Kinder als lebende Pfeile ausgeschickt werden.

Der Schütze sieht das Ziel auf dem Pfad der Unendlichkeit, und er spannt euch mit seiner Macht, damit seine Pfeile schnell und weit fliegen.

Lasst euren Bogen von der Hand des Schützen auf Freude gerichtet sein;

Denn so wie er den Pfeil liebt, der fliegt, so liebt er auch den Bogen, der fest ist.

Khalil Gibran

12

Ich verspreche zu versuchen, dich Dinge durch mein Vorbild, nicht durch Worte zu lehren.

Als ich zehn Jahre alt war, fingen meine Eltern an, zu meditieren.

In den Wochen nach ihrer Einführung in die Meditation veränderte sich unser Familienleben auf sehr eindrucksvolle Weise. Mein Vater, der ein starker Raucher gewesen war, verließ nicht mehr regelmäßig das Haus, um heimlich an einer Zigarette zu ziehen. Früher hatten meine Eltern oft wegen der Neigung meines Vaters, bei abendlichen Unternehmungen zu viel Alkohol zu trinken, gestritten. Jetzt bestellten sie zum Abendessen nicht mehr die übliche Flasche Whisky oder Wein. Sie verbrachten mehr Zeit miteinander, gingen spazieren, trieben Sport und lachten mehr. Sie hatten mehr Geduld mit uns, nahmen die Aufgabe, uns Grenzen aufzuzeigen, nicht mehr so ernst und verwendeten mehr Zeit darauf, mit uns zu sprechen, statt uns zu sagen, was wir tun und lassen sollten. Sie waren zufriedener und es machte mehr Spaß, mit ihnen zusammen zu sein.

Meine Eltern legten meinem Bruder und mir nicht nahe, ebenfalls zu meditieren. Aber ich weiß noch, dass ich ihnen sagte, ich wolle es auch lernen. Ich wollte das tun, was sie taten, und das neue Wissen mit ihnen teilen. Mit zehn Jahren machte ich noch keine aufwühlenden Erfahrungen, aber Meditation war etwas, das ich erleben wollte, weil ich sah, wie zufrieden es meine Eltern machte.

Als ich älter wurde, gab es oft Zeiten, in denen ich nicht daran dachte, zu meditieren. Manchmal vergingen Monate, ohne dass ich Interesse daran hatte. Meine Eltern sagten mir nie, dass ich meditieren solle. Sie hießen mich einfach willkommen, wenn ich es mit ihnen zusammen tun wollte. So überließen sie mir die Entscheidung darüber, was ich tun wollte und wie ich mein eigenes Leben gestalten wollte.

Für uns Eltern ist es schwierig, Kinder ihre eigenen Entscheidungen treffen zu lassen, weil wir oft das Gefühl haben, zu wissen, was das Beste für sie ist. Damit unsere Kinder lernen können, ihren eigenen Entscheidungen zu vertrauen, müssen wir ihnen die Freiheit geben, Entscheidungen zu treffen, und als Eltern ein gutes Vorbild sein.

Anregung

Fragen Sie sich, welche Dinge Ihr Kind von Ihnen lernen wird. In welcher Hinsicht möchten Sie Ihrem Kind ein Vorbild sein?

13

Ich verspreche, dich zu lehren, wie du deinen Körper lieben und gesund erhalten kannst.

Meine Familie und meine Freunde kennen meine schrecklichen Essgewohnheiten. Menschen, die mich als »Deepak Choprahs Tochter« sehen, sind oft schockiert, wenn ich statt eines Sojaburgers oder einer anderen vegetarischen Delikatesse eine Cola und ein Stück Kuchen zum Mittagessen bestelle.

Als es an der Zeit war, Tara auf feste Nahrung umzustellen, war ich entschlossen, nicht zuzulassen, dass sie meine schlechten Essgewohnheiten nachahmte. Ich bemühte mich, ihr Obst und Gemüse zu füttern, und anfangs, als sie noch keine andere Wahl hatte, nahm sie diese Nahrungsmittel relativ problemlos an. Als Tara jedoch ihren eigenen Geschmack entwickelte und ihre Vorlieben und Abneigungen besser mitteilen konnte, wurde mir bewusst, dass sie beobachtete, was ich aß, und meine Verhaltensmuster übernahm.

Eines Tages überraschte mich Tara an der Kasse eines Lebensmittelgeschäfts damit, dass sie nach einem Schokoriegel fragte. Mit eineinhalb Jahren hatte Tara beobachtet, dass ich an der Kasse oft Süßigkeiten kaufte und aß, und das war auch für sie zur Gewohnheit geworden. Tara schenkte mir ein breites, liebevolles Lächeln, wenn ich ihr Schokolade gab, und begann zu sagen: »Tara und Mama mögen Schokolade!« So niedlich das auch war – ich hatte heftige Schuldgefühle, weil meine Tochter bereits die Vorliebe für Süßigkeiten entwickelt hatte, mit der ich schon seit vielen Jahren kämpfe.

Als Mutter wusste ich, dass ich meine Ess- und Lebensgewohnheiten ändern musste. Denn wenn ich Tara keine gesunden Gewohnheiten vorlebte, hatte sie in ihrem Alter keine Möglichkeit, eigene zu entwickeln. Mir war klar, dass wir mehr zu Hause kochen, mehr Obst und Gemüse essen, uns zum Abendessen hinsetzen und gesunde Essgewohnheiten in unsere Lebensweise integrieren mussten. Manchmal fällt es mir wirklich schwer, Spinat zu essen, aber da Tara mich immer beim Essen beobachtet, tue ich es mit einem Lächeln. Ich bemühe mich, nahrhafte Rezepte zu erfinden, die wir beide genießen können. Manchmal ist es nicht ganz einfach, Tara dazu zu bewegen, etwas Neues zu probieren, aber dank ihrer Unvoreingenommenheit kann sie sich viel schneller anpassen als ich. Ich unternahm auch einen weiteren Schritt im Hinblick auf unser Wohlbefinden als Familie, indem ich dafür sorgte, dass wir mehr draußen spielten und morgens gemeinsam Yoga und Meditation übten.

Von diesen Veränderungen werden wir ein Leben lang profitieren. Tara und ich werden mehr Energie, Vitalität und Klarheit haben. Wir werden Krankheiten besser abwehren können. Ich werde Tara immer dafür dankbar sein, dass sie mich einen gesünderen Umgang mit meinem kostbaren Körper gelehrt hat.

14

Ich verspreche zu versuchen, dich auch dann nicht zu kritisieren, wenn ich mit deinem Verhalten nicht einverstanden bin.

Als mein Bruder Gotham und ich Kinder waren, dienten wir meinem Vater oft als Versuchskaninchen für Experimente mit allen möglichen Dingen, von Hypnosetechniken – gegen den Hunger auf Süßigkeiten – bis hin zu Gedächtnis- und Vokabelübungen.

Eine der nützlichsten und wirkungsvollsten Techniken, die mein Vater uns lehrte, war die KKV-Regel: nicht kritisieren, nicht klagen, nicht verurteilen. Als Kinder machten Gotham und ich ein Spiel daraus, wie lange wir es aushalten konnten, ohne negative Gefühle über Menschen, Orte oder Umstände zum Ausdruck zu bringen. Uns war kaum bewusst, welchen großen Einfluss dieser innere Dialog auf unsere Haltung gegenüber unserer Umgebung hatte. Indem wir nicht kritisierten, erkannten wir, dass es oft einen tieferen Grund für das Verhalten von Menschen gibt. Wir lernten, dass Kritik meist ein Ausdruck eigener Unsicherheit oder Unzufriedenheit ist, statt tatsächliche Fehler der anderen Person aufzudecken. Indem wir nicht klagten, lernten wir, die Verantwortung für die Umstände zu übernehmen. Wir wurden in die Lage versetzt, Änderungen an unserer Umgebung vorzunehmen, weil es niemanden gab, den wir für unsere eigene Unzufriedenheit verantwortlich machen konnten. Indem wir nicht verurteilten, lernten wir, dass kein Problem gelöst und keine Situation verbessert werden konnte, indem wir anderen Vorwürfe machten. Unsere Welt wurde von uns gestaltet und beeinflusst, nicht von den Menschen, Orten und Dingen, die uns umgaben.

Als wir älter wurden, entstand aus dem Spiel eine Technik, die uns stärkte und uns half, unser inneres Gleichgewicht zu bewahren. Ich erinnere mich an einen Tag, an dem Gotham, Sumant und ich auf der Rückreise aus Miami waren. Wir hatten einander an diesem Morgen die Aufgabe gestellt, möglichst lange nicht gegen die KKV-Regel zu verstoßen. Natürlich begann der Tag mit einem verpassten Flug, was zu einer fünfstündigen Wartezeit am Flughafen führte. Ein Glas Wasser wurde auf meinem Schoß verschüttet und die Batterie in Sumants Notebook gab den Geist auf, sodass er eine Hausaufgabe, die am nächsten Morgen abzuliefern war, nicht erledigen konnte. Gotham erlitt eine Nießattacke und hatte rote, gereizte Augen. Was eine einfache Reise von Miami nach New York hätte sein sollen, dauerte mehr als zwölf Stunden. Ständig gab es Gründe, wütend zu sein, sich elend zu fühlen und in Selbstmitleid zu versinken. Aber durch unsere Verpflichtung, nichts Negatives zu äußern, hatten wir tatsächlich Spaß dabei. Wir konnten über die merkwürdigen Umstände dieser Reise lachen, statt frustriert zu sein und die vielen Stunden mit Zorn im Herzen zu durchleiden.

Anregung

Versuchen Sie, einen Tag lang nichts und niemanden zu kritisieren, zu beklagen oder zu verurteilen.

15

Ich verspreche, dir erkennen zu helfen, dass du so, wie du bist, perfekt bist.

Eines Morgens, als Sumant Tara anzog, sagte sie ihm klar und deutlich, dass sie ihre Strumpfhose nicht anziehen wolle. »Ich sehe darin dick aus«, erklärte sie. Wir sahen uns an und trauten unseren Ohren nicht. Tara war gerade zwei geworden.

Später an diesem Tag sah ich eine Dokumentation im Fernsehen, bei der es darum ging, welche Anstrengungen Menschen unternehmen, um jung auszusehen und sich jung zu fühlen. Es wurden Patienten und ihre Ärzte gezeigt, die sich verschiedenen Formen der Schönheitschirurgie unterzogen.

Diese beiden Ereignisse hinterließen bei mir einen tiefen Eindruck. Zum einen ärgerte ich mich über mich selbst, weil ich die Verantwortung für Taras Bemerkung übernehmen musste. Ich frage Sumant fast jeden Tag, ob ich zu dick aussehe, und meine Tochter hatte sich das offensichtlich zu Eigen gemacht. Obwohl mir klar war, dass Tara immer zuhörte, wenn wir uns unterhielten, zeigte ihre Bemerkung mehr als deutlich, dass sie nicht nur zuhörte, sondern auch alles verarbeitete und ihr Selbstbild auf dem aufbaute, was sie sah und hörte. Ich nahm mir sofort vor, bewusster auf das zu achten, was ich in ihrer Gegenwart sagte, und etwas dafür zu tun, dass wir beide uns selbst als schön empfinden konnten.

Die Dokumentation im Fernsehen hatte noch eine andere Wirkung auf mich. Ich war einerseits schockiert über das, was Menschen auf sich nahmen, um jünger und schöner auszusehen, konnte aber andererseits auch verstehen, wie unsicher man sich in Bezug auf das eigene Aussehen fühlen konnte. Ich selbst habe nicht nur Bedenken, dass ich zu dick sein könnte, sondern war auch schon immer unsicher wegen meiner großen Nase. Seit meinem sechzehnten Lebensjahr habe ich über eine Schönheitsoperation nachgedacht, aber immer wieder einen Grund dafür gefunden, sie aufzuschieben. Außerdem hatte ich in dieser Angelegenheit nie einen leichten Stand, da sowohl mein Vater als auch mein Bruder und mein Mann der Schönheitschirurgie ablehnend gegenüberstehen. Die Kombination aus dem Dokumentarfilm und Taras Bemerkung ließen mich intensiv über mein eigenes Selbstbild und meinen Einfluss auf das meiner Tochter nachdenken.

Wir leben in einer Gesellschaft, die Jugend, Schönheit und allem Physischen eine große Bedeutung beimisst, aber es gibt so viele Menschen, die jung und schön sind und sich dennoch einsam und verloren fühlen. Ich möchte meinen Kindern beibringen, stolz darauf zu sein, wer sie sind und was sie erreichen können, und sich selbst nicht nach ihrem Aussehen zu beurteilen. Ich möchte, dass sie gesund und voller Energie sind und Schönheit ausstrahlen, weil sie glücklich sind. Ich will ihnen Unterstützung geben, wenn sie wegen ihres Aussehens niedergeschlagen sind, aber vor allem will ich ihnen zeigen, dass ihre innere Schönheit immer nach außen strahlen wird.

An diesem Tag lernte ich, dass der erste Schritt zur Erfüllung meines Versprechens darin bestand, mich schön und zufrieden mit mir selbst zu fühlen. Wie eine Freundin mir einmal sagte, sollte ich meine Nase zu schätzen wissen, weil sie mir mein spezifisches Aussehen verleiht und weil ich deshalb auf einzigartige Weise schön bin.

Der lila Hut – oder: Wie Frauen sich selbst sehen

Mit drei Jahren	Schaut sich an und sieht eine Königin.
Mit acht Jahren	Schaut sich an und sieht sich als Dornröschen oder Schneewittchen.
Mit 15 Jahren	Schaut sich an und sieht sich dick/picklig/hässlich (»Mama, so kann ich nicht zur Schule gehen!«).
Mit 20 Jahren	Schaut sich an und sieht »zu dick/zu dünn, zu klein/zu groß, zu glatt/zu lockig« – und beschließt, trotzdem zu gehen.
Mit 30 Jahren	Schaut sich an und sieht »zu dick/zu dünn, zu klein/zu groß, zu glatt/zu lockig« – beschließt, dass sie keine Zeit dafür hat, und geht trotzdem.
Mit 40 Jahren	Schaut sich an und sieht »zu dick/zu dünn, zu klein/zu groß, zu glatt/zu lockig« – sagt: »Wenigstens bin ich sauber!«, und geht trotzdem.
Mit 50 Jahren	Schaut sich an und sieht: »Ich bin!«, und geht, wohin immer sie gehen will.
Mit 60 Jahren	Schaut sich an und denkt an all die Menschen, die sich nicht einmal mehr im Spiegel sehen können. Geht hinaus und erobert die Welt.
Mit 70 Jahren	Schaut sich an und sieht Weisheit, Humor und viele Fähigkeiten, geht hinaus und genießt das Leben.
Mit 80 Jahren	Schaut gar nicht mehr hin. Setzt einfach einen lila Hut auf und geht hinaus, um Spaß zu haben.

Vielleicht sollten wir alle schon früher nach diesem lila Hut greifen.

16

Ich verspreche, sensibel auf deine Gefühle und Hilferufe zu reagieren.

Als Ben, einer von Taras Freunden, ein Geschwisterchen bekam, war dies recht problematisch. Ben war etwas über eineinhalb Jahre alt und der Erstgeborene. Er war mit Liebe überhäuft worden und daran gewöhnt, die ungeteilte Aufmerksamkeit seiner Eltern, seiner Großeltern und aller anderen Erwachsenen in seiner kleinen Welt zu erhalten. Als Bens kleine Schwester Ruby zur Welt kam, blieb seine Mutter einige Tage im Krankenhaus – die längste Trennung von ihr, die er je erlebt hatte. Und plötzlich waren alle damit beschäftigt, das kostbare kleine Mädchen zu bestaunen.

Der erste Morgen, an dem Ben seine Mutter das Baby stillen sah, war besonders traumatisch. Er verstand nicht, was da vor sich ging. Seine Mutter war erst einen Tag zu Hause und schien vollkommen erschöpft zu sein von diesem Baby, das ihr aufgedrängt worden war. Aber als sie Ruby im Arm hielt, betrachtete sie sie voller Zärtlichkeit und sein Vater lächelte beide an. Ben sah all dies mit Entsetzen und sein Gesicht nahm einen verzweifelten Ausdruck an. Da er sich noch nicht besonders gut verbal ausdrücken konnte, zeigte er seinen Eltern durch sein Verhalten, wie verletzt er war.

Während ihm die Tränen über das Gesicht liefen, rannte er in das Schlafzimmer seiner Eltern und griff nach einem gerahmten Foto, das auf dem Nachttisch stand. Er stapfte zu seinen Eltern zurück und zeigte ihnen das Foto, auf dem Ben mit seiner Mutter und seinem Vater zu sehen war. Ben zeigte auf dem Bild auf sich selbst und sagte weinend: »Baby! Baby!«

Seine Eltern hörten auf sich zu unterhalten und sahen den kleinen Ben an. Er war sehr verletzt und forderte Aufmerksamkeit – auf die einzige Weise, die er kannte. Sein Vater nahm ihn auf den Arm, wischte seine Tränen weg und versicherte ihm, dass er immer noch ihr Baby war. Seine Mutter beendete das Stillen, legte das Baby neben sich und umarmte Ben, küsste und streichelte ihn, sodass er sich warm und geborgen fühlte. Ruby jammerte ein wenig, aber seine Mutter kümmerte sich immer noch um ihn und ließ seinen Vater das Baby nehmen.

Als Ben sich beruhigt hatte, sagte ihm seine Mutter, dass sie ihn noch genauso liebe wie vorher, vielleicht sogar mehr. Sie erklärte ihm, dass sich etwas geändert habe. Er sei jetzt ein großer Bruder, und sie sei sehr stolz auf ihn. Sie werde seine Hilfe bei der Versorgung seiner kleinen Schwester brauchen, und sie wisse, dass er für alle da sein könne. Es sei eine große Aufgabe. Sie versprach ihm, immer zuzuhören, mit ihm zu reden wie bisher und ihn zu umarmen wie bisher.

Ben beruhigte sich, getröstet von der Stimme seiner Mutter, und fühlte sich den bevorstehenden Veränderungen etwas mehr gewachsen.

17

Ich verspreche, dir die vielen Gründe zu nennen, weshalb ich stolz auf dich bin.

Die Sauberkeitserziehung war ein weiterer Meilenstein in Taras Entwicklung. In vielerlei Hinsicht war es auch ein emotionaler Meilenstein für mich, da ich mir eingestehen musste, dass sie älter wurde und bereit war, in eine neue Entwicklungsphase einzutreten. Es war schwer für mich, ihr dabei zu helfen, unabhängiger zu werden – auch wenn es nur darum ging, das Töpfchen zu benutzen.

Für Tara war es ein wichtiger Übergang. Sie war in einem Alter, in dem sie unsere Anweisungen befolgte, aber gleichzeitig war es eine erhebliche Abweichung von ihrer normalen Routine. Sie wusste, dass wir etwas Großes von ihr verlangten, und sie schien bereit zu sein, sich dieser Herausforderung zu stellen. Wir sprachen darüber, dass alle ihre älteren Cousinen und Freunde, Mama, Papa und alle Großen, die wir kannten, zur Toilette gingen. Die Vorstellung, ein großes Mädchen wie ihre älteren Cousinen zu sein, gefiel ihr.

Am ersten Tag hielt Tara es für ein Spiel, ins Badezimmer zu laufen und statt Windeln Unterhosen zu tragen. Aber am Ende des Tages hatte sie genug davon, auf ihrem Töpfchen zu sitzen, und sie sagte mir sehr deutlich, dass sie es nicht mehr tun wolle. Als ich ihr am nächsten Morgen eine Unterhose anziehen wollte, war sie sehr empört darüber, dass ich ihr die Windel verweigerte, und weinte, bis ich die Unterhose beiseite legte und ihr die Windel anzog. Es war schwierig zu entscheiden, wie man in dieser Sache am besten vorging, denn ich wollte, dass Tara sich sicher fühlte und selbst entscheiden konnte, wann sie bereit war für diese neue Phase. Manorama, Taras Kindermädchen, und ich beschlossen, dass wir Tara die Führung überlassen würden und sie einfach immer wieder dafür loben würden, wenn sie das Töpfchen benutzte.

In den nächsten Tagen schwankte Tara zwischen Annahme und Ablehnung der Toilette. Sie liebte es, wenn wir ihr alle sagten, wie stolz wir auf sie waren, wenn sie die Toilette benutzte, und sie brüstete sich damit gegenüber ihren Großmüttern am Telefon oder gegenüber Gästen. Als Sumant nach Hause kam, lief sie zu ihm, um ihn zu umarmen, und sagte: »Papa, bist du stolz auf mich? Ich habe Pipi gemacht! Mama ist *so* stolz auf mich!« Sie ging mit der ganzen Angelegenheit sehr unbefangen um und wusste einfach nur, dass sie etwas tat, das uns Freude machte.

Eines Nachmittags, vielleicht drei Tage, nachdem wir damit angefangen hatten, nahm Manorama Tara mit zur Toilette. Als sie ihr die Windel auszog, sah sie, dass sie schon nass war. »Oh, Tara«, sagte sie sanft, »du hast schon in deine Windel Pipi gemacht.« Tara strahlte sie ganz unschuldig an und antwortete: »Ja, bist du nicht *so, so* stolz auf mich? Ich habe so viel Pipi gemacht.« Manorama lächelte über Taras unschuldige Bemerkung, umarmte sie und sagte ihr, dass wir alle immer stolz auf sie seien.

Taras Bemerkung erinnert uns alle daran, wie empfindsam und unschuldig unsere Kinder sind und dass alles, was wir zu ihnen sagen, zur Entwicklung ihres Selbstbildes beiträgt.

18

Ich verspreche, darauf zu vertrauen, dass du dich in deiner Welt zurechtfindest.

Soll ich heute mit Tara in den Park gehen?«

Es war eine einfache Frage, aber ich war wie vom Donner gerührt. Mein Herz begann zu rasen, meine Hände schwitzten auf einmal, und ich konnte nicht mehr richtig denken. Bis zu diesem Augenblick war Tara immer von mir, Sumant, den Großeltern oder einem anderen Familienmitglied, dem ich vollkommen vertraute, betreut worden.

Ich hatte zwar Vertrauen zu meiner Putzfrau Angela, die an manchen Tagen, wenn ich zu Hause arbeiten musste, mit Tara spielte, aber ich konnte nicht sicher sein, dass sie Tara in ihrem Kinderwagen richtig anschnallen, ihr zum richtigen Zeitpunkt ihre Milch geben und ihr, wenn sie fror, eine Strickjacke anziehen würde. Der Besuch im Park war mit so vielen Unwägbarkeiten verbunden, die nach meinem Empfinden nur ich selbst im Griff haben konnte.

Nach einigen Sekunden schaffte ich es, »Warum nicht!« zu antworten. Seufzend sagte ich: »Es ist ein schöner Tag. Das wird ihr sicher gefallen.« Wer hätte gedacht, dass dies mit zum Schwierigsten gehören würde, das ich bis dahin hatte aussprechen müssen? Während ich Taras Wickeltasche packte, versuchte ich mich auf das zu konzentrieren, was hineingehörte, statt auf die Knoten in meinem Magen zu achten.

Als ich mit Tara und Angela zur Tür ging, kam mir plötzlich der Gedanke, dass ich selbst auch frische Luft vertragen könne, und ich rechtfertigte vor mir selbst, dass ich meine Arbeit auch später tun könne. Aber tief drinnen wusste ich, dass es wichtig war, Tara an diesem Tag in den Park gehen zu lassen. Es war ein wichtiger Entwicklungsschritt für mich.

Meine Cousine erzählte mir davon, wie sie ihren Sohn zum ersten Mal im Kindergarten abgeliefert hatte. Sie hatte versucht, gelassen zu wirken, während er sich an sie klammerte und sie anflehte, ihn nicht dort zu lassen. Sie hatte ihm gesagt, dass es ihm im Kindergarten gefallen werde und dass sie ihn bald wieder abholen werde. Als sie ihn dann von draußen beobachtet hatte, hatte sie gesehen, dass er schon nach 30 Sekunden eine Ablenkung gefunden hatte und mit Eimer und Schaufel im Sand spielte. Sie war zum Auto gegangen, hatte die Tür geschlossen und sich die Augen ausgeweint.

Ich erinnere mich an den Tag, an dem ich zum College abreiste. Meine Eltern brachten mich hin, und als ich einige Stunden später anrief, um zu hören, ob sie gut nach Hause gekommen waren, fand mein Vater eine Ausrede dafür, dass meine Mutter nicht ans Telefon kommen konnte. Ich wusste, dass sie zu sehr von Gefühlen überwältigt war, um zu sprechen. Als Gotham vier Jahre später aufs College ging, dauerte es mehr als eine Woche, bis meine Mutter nicht mehr in Tränen ausbrach, wenn sein Name genannt wurde.

Jahre später reiste ich nach Indien, um zu heiraten und mit meinem Mann dort zu leben. Ich verließ die USA einen

Monat vor der Hochzeit. Meine Mutter war schon in Indien und Gotham und mein Vater wollten zwei Wochen später nachkommen. Ich werde nie den letzten Tag in meinem Elternhaus vergessen. Ich war so sehr damit beschäftigt, zu packen und letzte Anrufe zu erledigen, dass mir erst, als mein Vater und ich im Auto saßen, um zum Flughafen zu fahren, bewusst wurde, dass er mir den ganzen Tag aus dem Weg gegangen war. Er saß schweigend im Auto und plötzlich wurde mir klar, dass ich wegging. Ich weiß noch, wie ich mich am Flughafen umdrehte, um zum Abschied zu winken, und ihn mit dem Rücken zu mir stehen und offensichtlich Tränen aus seinen Augen wischen sah.

Tara und Angela kehrten nach eineinhalb Stunden aus dem Park zurück. Als ich die Haustür hörte, lief ich zu meinem Schreibtisch und tat, als ob ich gearbeitet hätte, statt nervös auf und ab zu gehen. Ich ging zu ihnen, als ob nichts Besonderes sei, während Angela den Kinderwagen in die Wohnung schob. Tara schlief selig lächelnd in ihrem Kinderwagen, perfekt angeschnallt und mit ihrer Strickjacke bekleidet.

Samenstille

Ich hörte dich nicht fallen
aus der Schote auf Mutter Erde.
Ich hörte dich nicht verkünden
deine bescheidene Geburt.
Ich hörte dich nicht seufzen,
als du still heranwuchst.
Ich hörte kein Warum,
weil Gott dich so gemacht hat.
Und doch sprach deine Stille
von Sicherheit und Stärke
und Sinn, als du die Erde durchbrachst,
um ans Licht zu gelangen.

Harry Alfred Wiggett

19

Ich verspreche, ein Gleichgewicht für mein und dein Leben zu finden.

Meine größte Herausforderung als Mutter besteht darin, ein Gleichgewicht zu finden zwischen meinen beruflichen Ambitionen und dem, was ich meinen Kindern an Zeit, Aufmerksamkeit und Anteilnahme geben will. Die meisten meiner Freundinnen, die Mütter sind, und auch die meisten berufstätigen Frauen, die ich kenne oder bewundere, sind mit dieser Herausforderung konfrontiert. Wie kann ich beruflich vorankommen und gleichzeitig die Mutter sein, die ich sein will?

Viele meiner Freundinnen – Ärztinnen, Führungskräfte in der Werbebranche, Produzentinnen und Beraterinnen – haben Jahre in ihre Ausbildung und ihre Karriere investiert. Aber viele haben ihre Arbeit aufgegeben und sind zu Hause geblieben, sobald sie Mütter wurden. Sie sehen es nicht als Opfer an, sondern als etwas, das sie tun wollen, eine kostbare Zeit in ihrem Leben, die sich nicht wiederholen wird. Aber vielen fällt das nicht leicht. Zu Hause zu sein, ist schwierig für jemanden, der voller Ideen steckt und an die Dramen, die intellektuelle Herausforderung und die sozialen Kontakte des Arbeitsplatzes gewöhnt ist. Es ist eine große Veränderung, mit der viele nicht glücklich sind.

Ich kenne andere Frauen, die schon früh wussten, dass sie zu Hause nicht zufrieden sein würden oder dass sie es sich nicht würden leisten können, nicht zu arbeiten, und die nach dem Mutterschutz wieder an ihren Arbeitsplatz zurückkehrten.

Nur wenige von ihnen quälen sich nicht mit Schuldgefühlen oder fragen sich nicht ständig, ob sie das Richtige tun.

Mit zwei Kindern muss ich gestehen, dass ich mich immer noch um ein Gleichgewicht zwischen meinen Projekten bemühe, und manchmal das Gefühl habe, meinen Kindern nicht genügend Zeit gewidmet zu haben. Ich bewerte ständig neu, was ich tue, und bin inzwischen so weit, dass ich mir verzeihe, wenn ich bei der Arbeit weniger erreiche, um mehr Zeit mit meinen Babys zu verbringen. Aber ich habe auch erkannt, dass ich als Mutter mein Bestes geben kann, wenn ich zufrieden, erfüllt und voller Selbstvertrauen bin. Und ehrlich gesagt, bin ich all das, wenn ich sowohl Mutter als auch in irgendeiner Form berufstätig sein kann. Vor allem ist mir klar geworden, dass meine Qualitäten als Mutter sich nicht anhand von aufgewandter Zeit, durchgeführten Aktivitäten oder erfüllten Aufgaben messen lassen.

Mutter zu sein hat nichts mit Listen zu erledigender Dinge, abgeschlossenen Projekten, Noten, Beförderungen, Titeln oder Aufgaben zu tun. Beim Muttersein geht es um Liebe, Fürsorge, Zuhören und Umarmen. Es geht darum, seine Kinder zu fördern, sie aufblühen zu sehen, sie anzuleiten und jeden kostbaren Augenblick zu genießen, in dem man sie in den Armen hält, mit ihnen lacht und ihre Entdeckungen mit ihnen teilt. Es geht darum, körperlich, geistig und spirituell wirklich mit ihnen zusammen zu sein. Es geht darum, mit sich selbst als Person zufrieden zu sein, sodass auch sie mit Stolz und Selbstvertrauen durch die Welt gehen können.

20

Ich verspreche, dir zu zeigen, dass wir gemeinsam eine bessere Welt erschaffen können.

Am 11. September war ich im fünften Monat schwanger.

An diesem Morgen schliefen Sumant und ich noch, als das Telefon klingelte. Es war mein Vater – vollkommen außer sich. Sein Flugzeug war gerade in Chicago gelandet, und die Nachricht erschien auf den Anzeigetafeln im Flughafengebäude. Minuten, bevor sein Flugzeug gelandet war, hatte das erste Flugzeug das erste Gebäude durchbrochen. Wir verstanden erst nicht, was er sagte, aber als wir zum Fernsehgerät eilten, zeichnete sich der Alptraum allmählich ab.

Mein Vater war weiterhin sehr aufgeregt. Mein Bruder Gotham war gerade an Bord eines Flugzeugs von American Airlines gegangen, das von New York nach Los Angeles flog. Den anfänglichen Meldungen in den Nachrichten zufolge war das erste Flugzeug eine Maschine von American Airlines gewesen, die den John-F.-Kennedy-Flughafen um 9.00 Uhr in Richtung Los Angeles verlassen hatte. Das wäre dann Gothams Flug gewesen.

Während wir mit meinem Vater telefonierten, erhielten die aufgeregten Nachrichtenmoderatoren aktuellere Informationen. Ich versuchte meinen Vater zu beruhigen, während Sumant die neuesten Nachrichten hörte.

Dann durchbrach das zweite Flugzeug das zweite Gebäude. Wir sahen voller Entsetzen zu, unfähig zu verstehen, was da geschah. In diesem Augenblick kam wirklich Panik auf. Wir konnten Gotham immer noch nicht finden. Meine Mutter befand sich auf einem Flug von London nach New York. Die Namen von Freunden und Bekannten, die im World Trade Center arbeiteten, kamen uns in den Sinn. Es war so viel auf einmal, dass wir nicht wussten, was wir tun sollten. Wir fühlten uns vollkommen machtlos, während die entsetzlichen Bilder und Nachrichten über den Bildschirm flimmerten.

Die nächsten Stunden vergingen wie in einem Nebel. Zuerst wurde durch die Nachricht, dass die beiden Flugzeuge in Boston gestartet waren, bestätigt, dass Gotham in keiner der beiden Maschinen gesessen hatte, aber es dauerte fünf Stunden, bis wir von ihm hörten. Während dieser Zeit stürzten die beiden anderen Flugzeuge ab, und niemand wusste, was als Nächstes passieren würde. Die Maschine meiner Mutter würde in neun Stunden landen. Durch Anrufe bei British Airways hatten wir erfahren, dass ihre Maschine zwei Stunden vor der Landung in New York umgekehrt und wieder nach London zurückgeflogen war.

Wir alle haben unsere Erinnerungen an den 11. September und unsere Alpträume. Bei mir dauerte es zwei Tage, bis die Panik nachließ, bis ich Freunde und Angehörige ausfindig gemacht, Kontakt aufgenommen hatte, wieder zu Atem gekommen war und das Fernsehgerät ausschaltete.

Zwei Tage nach dem 11. September wurde ich während

eines Spaziergangs ohnmächtig. Die Kombination aus Stress und Schwangerschaft zwang meinen Körper, für eine Minute innezuhalten. Ich verbrachte die nächsten zwei Tage im Krankenhaus, vermied es fernzusehen und konzentrierte mich wieder auf das Baby, das in mir wuchs. Ich dachte über seine Zukunft nach und über die Welt, in die ich es brachte. Wie würde ich mein ungeborenes Kind vor der Gewalt und dem Hass in dieser Welt schützen können? Wie konnten wir dem Entsetzen, dem Hass, der Angst und der Trauer entkommen, die die letzten 48 Stunden erfüllt hatten?

Inmitten meiner persönlichen Angst gewann ein grundlegenderes Unbehagen die Oberhand. Wie hatte ich das Leiden anderer ignorieren und erst jetzt in Panik geraten können, da ich mit Gewalt in meinem eigenen Land und der Verletzlichkeit meiner eigenen Familie konfrontiert war? Was war mit den Millionen unschuldiger Menschen, die Jahre zuvor in Ruanda getötet worden waren? Dem täglichen Morden im Namen der Religion in Israel und Palästina? Den verheerenden Schäden, die durch Krankheit, Armut und Hunger in Indien, Afrika und sogar in den Armenvierteln amerikanischer Städte angerichtet wurden? Was war mit den Terroranschlägen, die täglich in Indien, Pakistan, Serbien, Kolumbien, Afghanistan und Osttimor verübt wurden?

Ich begann jeden meiner Gedanken, jedes meiner Gefühle in Frage zu stellen. Die Welt wurde schwarz-weiß dargestellt. Das Gute kämpfte gegen das Böse. Diese Haltung konnte ich nicht verstehen. Auch die Terroristen hatten Familien, Mütter, die sie liebten, Brüder und Schwestern, Träume, Hoffnungen und Ambitionen. Was trieb sie zu solchen Terrorakten? Was erzeugte solchen Hass und solche Überzeugungen in diesen Menschen? Was fühlten ihre Mütter, wenn sie mit ansehen mussten, wie ihre Kinder sich selbst und andere verletzten? Welche Rolle spielte ich in diesem Drama von »Auge um Auge«, Vergeltung und Suche nach Gerechtigkeit?

Ich ringe noch immer mit diesen Fragen und sehe mit zunehmender Hoffnungslosigkeit, wie die Weltpolitik von Rache- und Kriegsgedanken verdüstert wird. Im Kontext der Kindererziehung sind diese Fragen jedoch umso relevanter und dringlicher für mich geworden. Ich trage jetzt eine Verantwortung, die über meine eigene kleine Sphäre der persönlichen Beziehungen und täglichen Aktivitäten hinausgeht.

Als Eltern bringen wir eine neue Generation von Kindern in diese Welt. Wir beeinflussen ihre Werte, Prioritäten, Anliegen und Gefühle. Wir sind dafür verantwortlich, sie Liebe, Freundlichkeit und Einfühlungsvermögen zu lehren. Von uns lernen sie Verständnis, Toleranz und Mitgefühl.

Wir haben die wichtigste Aufgabe unseres Lebens übernommen – die Erziehung der Weltbürger von morgen. Diese Weltbürger werden mit Leiden, Gewalt und Konflikten konfrontiert sein, aber hoffentlich werden sie auch ein wenig Licht, Hoffnung und Inspiration in die Welt tragen. Unsere Aufgabe im Hinblick auf die Schaffung von Frieden und Gerechtigkeit in der Zukunft fängt zu Hause an: Wir müssen unsere Kinder lehren, Liebe und Mitgefühl für ihre Mitmenschen zu empfinden. Das ist eine Aufgabe, die uns ein Gefühl von Hoffnung und Sinnerfüllung geben kann, wie wir es bislang nicht kannten.

Anregung

Was wollen Sie Ihre Kinder über andere Kulturen, Religionen und Denkweisen lehren? Was für eine Welt wollen Sie ihnen zeigen?

Traditionen

Rituale und Erinnerungen,
die ich mit dir teilen und
erschaffen möchte

21

Ich verspreche, alle wichtigen Ereignisse in deinem Leben zu feiern.

Ich werde ganz aufgeregt, wenn ich an all die besonderen Zeiten in unserem Leben denke, auf die wir uns gemeinsam freuen können. Es gibt so viel für deine Zukunft zu planen, so vieles, das ich mit dir teilen und erleben möchte, und schon jetzt bedauere ich, dass diese guten Zeiten so schnell vorüber sein werden.

Ich denke an die Vorbereitungen für das neue Schuljahr, die Auswahl deiner Kleider und Schulsachen. Ich denke daran, wie du die einzelnen Etappen deiner Schulzeit durchlaufen wirst. Ich stelle mir vor, wie stolz ich auf dich sein werde, wenn ich sehe, was du gelernt und erreicht hast. Ich stelle mir vor, wie bewegend es sein wird, zu beobachten, wie du erwachsen wirst.

Ich denke an Tanz und musikalische Darbietungen, sportliche Erfolge und den Trost nach Niederlagen. Ich frage mich, welche besonderen Interessen und Talente du entwickeln wirst, und freue mich darauf, mit dir zusammen etwas über diese neuen Hobbys zu lernen.

Ich stelle mir vor, wie es sein wird, dich deine eigenen Wege gehen zu lassen. Ich stelle mir vor, wie du – allein oder mit Freunden – deine erste Reise unternehmen wirst.

Ich werde dir alles mitgeben wollen, was du brauchst, um es sicher und bequem zu haben, aber ich werde auch wissen, dass die Zeit gekommen ist, um dich selbst die Welt entdecken zu lassen.

Ich stelle mir vor, wie mir fast das Herz stehen bleibt, wenn du mir sagst, dass du dich verliebt hast. Wie sehr werde ich dich beschützen, dich vor Verletzungen bewahren wollen? Ich stelle mir vor, wie wir es deinem Vater sagen. Ich weiß, dass er dich sofort wird schützen wollen, dass ich ihn werde zurückhalten müssen, auch wenn ich genauso empfinden werde wie er.

Und ich stelle mir vor, wie es sein wird, dich dabei zu beobachten, wie du erwachsen und unabhängig wirst und die Welt eroberst. Ich werde dich immer noch als mein Baby sehen, das weich und sicher in meinem Arm liegt, und werde staunen über all das, was du geworden bist.

22

Ich verspreche, dir Geschenke zu machen, die die Entwicklung deines Charakters, deiner Werte und deiner Spiritualität fördern.

Überall auf der Welt sammeln Mütter Gegenstände, die sie ihren Töchtern zur Hochzeit schenken werden. In Indien beginnen Mütter oft schon, bevor ihre Töchter geboren sind, Schmuck und Saris für sie zu sammeln. Nach amerikanischer Tradition legen Mütter besondere Dinge in eine so genannte *hope chest* – wörtlich »Hoffnungstruhe« –, die sie bei der Hochzeit ihrer Töchter an sie weitergeben. Diese Truhe wird zu einem Symbol für all die Hoffnung und Liebe, die Eltern in Bezug auf ihre Töchter empfinden. Traditionsgemäß wurden die Hoffnungstruhen mit Bettwäsche, Stoffen, Quilts, Porzellan und all den Dingen gefüllt, die aus einer Tochter eine gute Ehefrau machen sollten.

Hochzeitstruhen für meine Töchter zu füllen, ist eine dieser besonderen, bedeutungsvollen und emotionalen Reisen, die ich als Mutter unternehmen werde. Ich werde Jahre brauchen, um die Gegenstände zu finden, die die Hoffnungen und Träume, den Stolz und die Liebe verkörpern, die ich zum Ausdruck bringen möchte. Es ist eine Reise, die Zeit, Nachdenklichkeit und liebevolle Sorgfalt erfordert.

Ich möchte ihre Truhen mit Optimismus, Stärke, Freiheit, Neugier, Abenteuerlust, Frieden, Spiritualität und grenzenloser Energie füllen. Ich möchte ihnen großartige Geschichten, Kunstwerke, Philosophisches von großen Denkern, Poesie aus allen Zeiten, Fahrkarten in alle Winkel der Erde, Mantras zur Erforschung ihrer Seelen, Rezepte zur Stärkung ihres Körpers und Familienerbstücke zur Erinnerung an ihre Vorfahren schenken. Ich möchte die Geschichten ihrer Kindheit, von Zoobesuchen und Reisen in ferne Länder, aufschreiben. Ich möchte die Bilder sammeln, die sie im Lauf der Jahre malen, und Collagen aus Fotos von besonderen Augenblicken zusammenstellen. Ich will ihnen Schätze geben, die in ihnen die Liebe zur Erde und zu ihren Mitmenschen wecken.

Ich will, dass ihre Hochzeitstruhen unsere Liebe zueinander und das, was uns verbindet, zum Ausdruck bringen. Ich will, dass sie in verschiedenen Phasen ihres Lebens – wenn sie glücklich oder traurig, voller Selbstvertrauen oder hilfsbedürftig sind – in ihren Truhen stöbern und neue Schätze darin finden können. Und durch all dies möchte ich meinen Töchtern sagen, dass sie meine kostbarsten Geschenke auf dieser Welt sind.

23

Ich verspreche, dich zu unterstützen, wenn du dich neuen Herausforderungen stellst.

Eine der außergewöhnlichsten Zeiten in meinem Leben war der Monat nach Taras Geburt. Mein kleines Mädchen zu entdecken, war, als ob ich die Entfaltung eines Wunders vor meinen Augen beobachten würde. Sie war das kostbarste, schönste und göttlichste Geschöpf, das ich je gesehen hatte.

Aber diese Zeit hatte auch noch einen anderen Aspekt, den ich immer als besonders wertvoll empfinden werde. Gemäß einer indischen Tradition verbringt eine Mutter mit ihrem Neugeborenen 40 Tage in ihrem Elternhaus, da sowohl die Mutter als auch das Kind in diesen ersten Wochen besondere Aufmerksamkeit und Fürsorge benötigen. Die Mutter, die von ihrer eigenen Mutter umsorgt wird, kann sich auf all das Neue konzentrieren, das mit ihrem Baby zusammenhängt, und ihre gemeinsame Reise in einer vertrauten und stabilen Umgebung beginnen.

Die Rückkehr nach Hause mit meinem Baby war eine sehr emotionale und berührende Erfahrung. Ich besuche meine Eltern zwar oft, aber mein Elternhaus mit meinem eigenen Kind in den Armen zu betreten, war sehr schön und sehr bewegend. Ich war jetzt erwachsen, erweiterte die Familie und weckte Gefühle grenzenloser Liebe. Ich konnte die Liebe und den Stolz in den Augen meiner Eltern sehen und wusste, dass Tara nicht nur ein Geschenk für Sumant und mich war, sondern auch das kostbarste Geschenk, das meine Eltern je erhalten hatten.

In den nächsten Wochen entstand zwischen meiner Mutter und mir eine Bindung, wie sie noch nie zuvor existiert hatte. Ihre Weisheit und ihre Fähigkeit, für mich und das Baby zu sorgen, beeindruckten mich zutiefst. Wenn Tara mitten in der Nacht nach ihrer Mahlzeit immer noch unruhig war, war meine Mutter zur Stelle und kümmerte sich um uns beide. Auf ihre sanfte Weise gab meine Mutter Sumant und mir den Raum, den wir als frischgebackene Eltern brauchten, und nahm uns viel von der Angst, die uns in dieser neuen Phase unseres Lebens ergriffen hatte.

Ganz anders erging es einer Freundin, die gleichzeitig mit mir ein Baby bekommen hatte. Sie war eine allein erziehende Mutter, die keine enge Beziehung zu ihrer eigenen Mutter hatte. Sie erzählte mir von ihrem Bemühen, in diesen ersten Wochen allein beziehungsweise mit der Hilfe von Freunden und Angehörigen zurechtzukommen. Als ich von meiner Erfahrung und der neuen, noch engeren Bindung zu meiner Mutter sprach, sagte sie hoffnungsvoll, wie aufregend es für uns sein werde, wenn wir uns um die Kinder unserer Kinder würden kümmern können.

Diese ersten Momente der Liebe für unsere neugeborenen Babys sind nur ein Vorgeschmack auf die lebenslangen Möglichkeiten, die wir haben, uns mit ihnen weiterzuentwickeln und eine Bindung aufzubauen.

24

Ich verspreche, dir dabei zu helfen, deinen Platz in der modernen Welt zu finden.

Eine pakistanisch-amerikanische Freundin reiste nach Karachi, um ihre Großeltern und andere Verwandte zu besuchen. Sie war selbst in den USA geboren, aber in einer starken pakistanischen Gemeinschaft aufgewachsen, hatte Urdu gelernt, aß traditionelle Speisen, beging alle Feiertage und identifizierte sich sowohl mit der pakistanischen als auch mit der amerikanischen Kultur. Eigentlich war es sogar ihre südasiatische, muslimische Herkunft, auf der ihr Identitäts- und Zugehörigkeitsgefühl basierte. Meine Freundin hatte sich in den USA immer ein wenig anders als die anderen gefühlt, wenn sie sich nicht innerhalb ihrer eigenen ethnischen Gruppe aufhielt. Sie erwartete, sich sicher, zugehörig und zu Hause zu fühlen, als sie in Karachi ankam.

Aber es war nicht die Heimkehr, die sie sich ausgemalt hatte. Meine Freundin fühlte sich in vielerlei Hinsicht wie ein Fisch auf dem Trockenen. Sie schien noch mehr aufzufallen als in den USA. Obwohl sie sich anzupassen versuchte, indem sie ähnliche traditionelle Kleidung trug wie ihre

Cousinen und in der Öffentlichkeit wenig sprach, damit ihr Akzent sie nicht verriet, musste sie feststellen, dass die Einheimischen sie schon von weitem als Ausländerin erkannten. Selbst ihre Cousinen und anderen Verwandten behandelten sie ein wenig anders, erklärten ihr Dinge langsamer. Sie sprachen oft von ihr als der »amerikanischen« Cousine, wenn sie sich mit anderen unterhielten oder annahmen, dass sie einem Gespräch nicht folgen konnte. Meine Freundin musste traurig zugeben, dass sie oft Recht hatten, dass sie nicht wirklich dorthin passte. Sie war auch in diesem Land eine Fremde.

Eines Abends fragte ihr Großvater sie, ob sie einen Familienstammbaum sehen wolle, der seit Generationen weitergegeben worden war. Sie konnte kaum stillsitzen, während er ein zusammengerolltes Stück Pergament aus einem Safe herausnahm, es auf dem Tisch ausbreitete und seine Lesebrille aufsetzte.

»Das, meine Liebe, ist unser Familienstammbaum. Mein Urgroßvater gab ihn an meinen Vater weiter, der ihn an mich weitergab. Ich möchte ihn dir zeigen.«

Meine Freundin betrachtete das alte Pergament voller Ehrfurcht. Der Familienstammbaum reichte mehrere Jahrhunderte zurück. »Dieser Stammbaum zeigt, dass wir direkte Nachfahren von Mohammed sind. Wir haben in dieser Welt eine große und wichtige Aufgabe zu erfüllen.« Ihr Großvater zeigte auf seinen eigenen Namen auf dem Pergament. »Da bin ich mit meinen Brüdern. Da ist dein Vater und da dein Bruder. Hier ist mein Vater, sein Vater und die Generationen von Ahnen vor uns.«

Meine Freundin saß still da und ihre Augen füllten sich

mit Tränen, während ihr Großvater ihr stolz die Ahnenreihe erklärte. Auf dem Pergament waren keine Frauen aufgeführt, bis auf eine. Sie war erstaunt, als sie den Namen las – es war Fatima, das einzige Kind des Propheten Mohammed. Dank ihrer existierten die nachfolgenden Generationen, und doch wurde keine weitere Frau erwähnt.

»Aber, Großvater«, unterbrach sie ihn höflich mitten im Satz. »Wo bin ich in diesem Stammbaum? Wo ist meine Mutter? Wo sind meine Tanten und Großmütter?« Er blinzelte als Antwort. Meine Freundin erkannte in diesem Augenblick, dass er noch nie darüber nachgedacht hatte. Nie zuvor hatte jemand diese Frage gestellt.

Er bat seine Enkelin, ihm einen Stift zu bringen, und schrieb vor ihren Augen ihren Namen neben die ihrer Brüder. Dann setzte er die Namen anderer Frauen ein. Meine Freundin sah mit klopfendem Herzen zu, wie die Geschichte, ihre Geschichte, korrigiert wurde. Bald sahen ihre Großmutter und mehrere Cousinen über ihre Schulter zu, wie er den Familienstammbaum ergänzte. Es lag eine ganz besondere Stimmung im Raum, die nicht in Worte gefasst werden konnte.

Später hörte meine Freundin, wie sich ihre Großmutter beim Kartenspiel mit ihren Freundinnen unterhielt. Sie hörte »Ohs« und »Ahs« und konnte nicht der Versuchung widerstehen, sich zu ihnen zu gesellen. Als sie den Raum betrat, sah eine der Freundinnen sie an und fragte ihre Großmutter auf Urdu: »Ist das die amerikanische Tochter, von der du gesprochen hast?« Ihre Großmutter lächelte stolz und nickte. »Gut gemacht«, nickte die Frau ihr zu, und die anderen sahen sie bewundernd an. »In Amerika lehren sie euch zu sprechen, nicht wahr? Gut gemacht, meine Liebe, gut gemacht.«

Meine Freundin erwiderte das Lächeln und antwortete selbstbewusst auf Urdu: »Danke.«

Anregung

Zeichnen Sie einen Stammbaum für Ihr Kind. Schreiben Sie dazu, aus welcher Stadt, welchem Land, das jeweilige Familienmitglied stammte.

25

Ich verspreche, dich mit der Mythologie und Geschichte unserer Kultur vertraut zu machen.

Es gibt in Indien eine Comicreihe, die so genannten Amar Chitra Kathas, die Geschichten aus der klassischen indischen Mythologie zum Gegenstand hat. Diese religiösen Comicbücher sind recht beeindruckend, da sie nicht nur die komplizierten Geschichten, sondern auch die in diesen großen Texten enthaltenen Lehren und Werte in zusammengefasster Form wiedergeben. Als mein Bruder Gotham und ich Kinder waren, liebten wir diese Comicbücher. Gotham war geradezu besessen von ihnen, sodass meine Eltern sie während unserer zahlreichen Reisen nach Indien sammelten. Dank dieser Comics waren wir schon als Kinder mit der indischen Mythologie vertraut.

Seit Tara sechs Monate alt war, haben Sumant und sie ein Zu-Bett-geh-Ritual. Es ist für beide eine sehr kostbare Zeit. Sie unterhalten sich, kuscheln miteinander, lesen und erzählen sich, was den Tag über passiert ist. Normalerweise nehme ich nicht an ihrem Ritual teil, weil ich währenddessen auch ein wenig Zeit für mich allein habe.

Aber eines Abends beschloss ich, früh zu Bett zu gehen, und legte mich hin, als Tara und Sumant mit ihrem Ritual begannen. Tara war gerade zwei geworden und zu diesem Zeitpunkt tauschten sie sich schon über ihre Erlebnisse während des Tages aus. An diesem Abend wollte Tara nicht eines ihrer Lieblingsbücher lesen, sondern griff unter das Bett, zog einen Amar-Chitra-Katha-Comic hervor, sprang auf Sumants Schoß und begann, die Seiten umzublättern. Sumant wies sie auf einzelne Figuren hin, beispielsweise den indischen Gott Krishna, und erzählte Tara dann von ihm. Tara wiederholte den Namen und fragte: »Papa, was tut Krishna?« Und Sumant erklärte ihr in ganz einfachen Worten mehr dazu.

Während sie durch das Buch blätterten, sah ich, wie fasziniert Tara von den mythologischen Geschichten war, die ihr Vater ihr erzählte. Sie zeigte Sumant ihre Muskeln und erklärte: »Schau, Papa, Tara ist genauso stark wie Krishna.« Am Ende des Comics gibt es ein Bild, das Krishnas Mutter im Gebet zeigt, und mir kamen die Tränen, als ich sah, wie Tara ihre Hände faltete und eines der traditionellen Gebete laut vortrug.

Ich sah lächelnd zu, wie Sumant und Tara sich küssten und sich zum Schlafen hinlegten. Dann begannen sie, allen in ihrer Welt Gute Nacht zu sagen. »Gute Nacht, Mama. Gute Nacht, Papa. Gute Nacht, Gotham Mamo. Gute Nacht, Candi Mami. Gute Nacht, Cleo. Gute Nacht, Dadi. Gute Nacht, Dada. Gute Nacht, Nani. Gute Nacht, Nana. Gute Nacht, Chachu. Gute Nacht, Krishna, Gute Nacht, Arjun. Gute Nacht, Bhagvanji (Gott).« Tara schloss die Augen und tauchte mit einem kleinen Lächeln in eine Traumwelt voller vertrauter Menschen, Göttinnen und Götter ein, von denen sie sich geliebt wusste.

Tara hat mir gezeigt, dass Göttersagen, Fabeln und Märchen voller Farbe, Leidenschaft und Abenteuer sind und tiefe Botschaften enthalten. Indem wir diese Geschichten mit unseren Kindern teilen, erhalten sie einen Einblick in magische, spirituelle und kraftvolle Legenden, die ihre Fantasie anregen können.

26

Ich verspreche, Familientraditionen zu pflegen, die dir ein Leben lang Halt geben können.

Bhabhiji, warum stellst du bei den Mahlzeiten immer ein wenig Essen beiseite?« Das war eine Tradition, an die sie sich immer gehalten hatte.

Bhabhiji, meine Urgroßmutter, starrte durch den sich langsam drehenden Deckenventilator hindurch und antwortete mit zunächst kaum hörbarer Stimme, während sie Bilder aus einer anderen Welt heranholte. Zart und gebrechlich saß sie in ihrem weißen Sari, von mehreren Kissen gestützt, auf einem harten Bett in einem stickigen Raum mit weiß getünchten Wänden. Während sie uns flüchtige Blicke zuwarf, um sicherzugehen, dass wir die Worte verstanden, die wir hören sollten, erzählte Bhabhiji uns eine Geschichte, die in unserer Familie von Generation zu Generation weitergegeben worden war.

Es war die Geschichte eines kleinen Jungen. Er musste damals sechs oder sieben Jahre alt gewesen sein. Es heißt, dass er ein sehr klares Gesicht hatte – unschuldig und voller Freude – und tiefe, dunkle Augen von einem glänzenden Schwarz, die wie einsame Sterne ein unendliches Universum erhellten.

Vor sieben Generationen gab es im Nordwesten Indiens einen Krieg mit vielen Toten, blutiger Folter, unschuldigen Opfern. Es war eine jener aufgewühlten und gewalttätigen Epochen, die es in der Geschichte immer wieder gegeben hat, wenn eine Volksgruppe aus religiösen Gründen von der anderen verfolgt wurde. Unsere Familie hatte zusehen müssen, wie Angehörige aus ihren Häusern gezerrt und zu Tode geprügelt wurden – schlimme Realitäten, die zu entsetzlich sind, um sie sich auszumalen.

Unsere Familie war ebenfalls in Gefahr. Um ihre Kinder zu retten, beschlossen sie, ihr Zuhause zu verlassen und tiefer nach Indien hineinzufliehen, wo es solche Verfolgungen nicht gab. Es war eine gefährliche Reise. Wenn sie gefasst wurden, drohte ihnen zweifellos der Tod. Sie brachen ohne Geld oder andere Besitztümer auf, nur mit ihren sieben Söhnen und dem Wunsch zu überleben.

Es war eine Regennacht, voller Donner, heulender Winde und umherziehender Geister. Sie verließen ihr Zuhause, vielleicht zu Fuß, vielleicht mit einem Wagen. Sie wanderten stundenlang dahin. Von anderen Flüchtlingen erfuhren sie, dass diese Nacht gefährlich war. Andere waren entdeckt und umgebracht worden.

Schließlich kamen sie an einen Fluss. Um die Reise fortsetzen zu können, mussten sie eine Möglichkeit finden, ihn zu überqueren. Sie trafen einen Fährmann. Es war ein älterer Mann, blass und ernst, mit leeren, verzweifelten Augen. Er besaß ein Boot von ansehnlicher Größe, in dem er sie über den Fluss bringen konnte.

Der Fährmann musterte die Familie, die ihn um Hilfe bat, ihr Leben zu retten. Er sah eine Familie mit sieben Söhnen – eine Familie, in der einer für den anderen eintrat. Er sah die Angst in ihren Augen, aber noch stärker spürte er die Liebe, die aus ihren Seelen sprach. Er beneidete sie um die Gefühle, die sie füreinander hatten. Er selbst hatte eine Frau und ein Kind gehabt, die aber inzwischen beide tot waren. Der Fährmann war ganz allein, und diese unerträgliche Einsamkeit brachte ihn allmählich um.

Natürlich wusste unsere Familie nichts von der Verzweiflung des Fährmanns. Sie flehten ihn an, sie über den Fluss zu bringen. Sie hatten kein Geld und wussten nicht, wie sie es ihm vergelten sollten. Der alte Mann sah die Kinder an. Um sich selbst zu retten, forderte er einen der Söhne als Zahlung.

Zuerst waren sie entsetzt. Einen Sohn wegzugeben, hieß, einen Teil von sich selbst zu verlieren. Aber der Krieg bringt den Menschen neue Einsichten. Unsere Familie konnte den Schmerz und das Leid in den Augen des alten Mannes sehen. Sie fürchteten um ihr eigenes Leben, weil es so vieles gab, für das sie lebten, aber auf diesen Mann wartete ein heimtückischerer Tod. Es gab nichts, worauf er hoffen, nichts, wofür er leben konnte. In einem Augenblick der Verzweiflung und des Mitgefühls willigte unsere Familie ein, diesem Mann ihren jüngsten Sohn zu geben, um das Leben ihrer Kinder und auch das des Fährmanns zu retten.

Und so wurde die Geschichte über sieben Generationen weitergegeben und unsere Familie begründete eine Tradition, an die sich Bhabhiji ihr Leben lang hielt. Bei jeder Mahlzeit wurde ein Teller Essen für den kleinen Jungen beiseite gestellt, der damals zurückgelassen worden war. Wenn alle ihre Mahlzeit beendet hatten, wurde der Teller einem armen Kind von der Straße überlassen.

Als Bhabhiji geendet hatte, schwieg sie einige Augenblicke und hing ihren Gedanken nach. Dann sagte sie ruhig: »Vielleicht ist es eine törichte Tradition, die von einer alten Frau bewahrt wird. Aber solche Traditionen halten uns zusammen, nicht wahr? Sie helfen uns, uns zu erinnern und das zu schätzen, was wir haben.«

Dann füllte sie langsam einen Teller und stellte ihn beiseite. Sie schloss ihre Augen im Gebet, und wir dankten alle dem kleinen Jungen, der das Leben seiner Familie und das eines einsamen alten Mannes gerettet hatte.

27

Ich verspreche, Feiertage mit dir zu begehen, durch die wir uns miteinander und mit der Welt verbunden fühlen können.

Das Erntedankfest war in unserer Familie ein besonderer Feiertag.

Als Inder, die in die USA immigriert waren, hatten meine Eltern zu Dingen wie Truthähnen, Pilgern, Football, Apfelkuchen und Indianern mit Federschmuck keine Beziehung.

Aber im Laufe der Zeit bekam dieser Tag sehr viel Bedeutung. Er wurde zu einem Tag, an dem man sich an all das erinnerte, wofür man dankbar sein konnte – Gesundheit, Familie, Erfolg und Glück. Meine Eltern und viele unserer Verwandten luden Angehörige ein, die aus dem ganzen Land nach Boston kamen, um an der Familienzusammenkunft teilzunehmen. Ein großes Festmahl mit Masala-Truthahn, würziger indischer Gemüsefüllung und traditionellen indischen Kartoffeln wurde vorbereitet. Der Nachtisch war eine Kombination aus Apfelkuchen, Brownies und traditionellen indischen Desserts. Musik aus »Bollywood« spielte im Hintergrund, während mein Bruder und unsere Cousins ältere Verwandte zum Fernseher schleiften, um ihnen die

Footballregeln zu erklären. Nachdem sie einige Minuten lang versucht hatten, das Spiel zu verstehen, verloren die Älteren das Interesse und begaben sich nach draußen, um Kricket zu spielen.

Meine Erinnerungen an das Erntedankfest beinhalten eine wichtige Lektion dazu, wie ich Feiertage mit meinen Kindern begehen will. Wir leben in einer multikulturellen Gesellschaft, in der wir Menschen aus anderen Kulturen, mit anderem Hintergrund, anderen Ideologien und religiösen Überzeugungen heiraten. Unsere Feste und Bräuche bilden die Grundlage für unsere Identifikation und unsere Verbundenheit mit anderen. Womit werden sich meine Kinder identifizieren? Müssen sie sich in unserer multikulturellen Gesellschaft mit etwas identifizieren?

Ich habe mich mit der Frage beschäftigt, ob ich einen Weihnachtsbaum kaufen sollte. Wir sind keine Christen, warum also sollten wir den Feiertag begehen? (Als wir Kinder waren, kauften unsere Eltern für jeden von uns ein Geschenk und hängten einen Strumpf am Kamin auf. An Weihnachten ging es nicht um Geschenke, sondern darum, etwas über das Schenken zu lernen.) Andererseits will ich nicht, dass sich meine Kinder ausgeschlossen fühlen. Ich will, dass sie über wichtige indische Feste wie Diwali, das Lichterfest, und Holi, das Fest der Farbe, Bescheid wissen. Aber ich will auch, dass sie die Traditionen und Festtage ihrer Freunde kennen – vom islamischen Fastenmonat Ramadan und dem darauf folgenden Fest des Fastenbrechens Id bis hin zur jüdischen Chanukka und dem chinesischen Mondfest.

In einer so bunten und vielfältigen Welt besteht die Lösung vielleicht darin, Festtage aus verschiedenen Kulturen in den Kalender einzutragen und zu feiern. Dieser Kalender ist voller reicher Traditionen, Farben, Geschichten und vor allem Verbindungen – Verbindungen zum eigenen Erbe, zur Welt, zum eigenen Ich und zu den Freunden und Angehörigen, die man liebt.

Anregung

Denken Sie darüber nach, wie Sie Feiertage mit Ihren Kindern begehen wollen. Welche Lektionen sollen sie aus diesen wichtigen Anlässen lernen?

28

Ich verspreche, dir das Selbstvertrauen zu geben, um Althergebrachtes zu erneuern.

Mein Vater war innerhalb seiner erweiterten Familie der älteste Sohn. Schon diese Position allein trug ihm den Respekt aller jüngeren Cousins ein. Und da mein Großvater innerhalb der Familie und der Gemeinschaft besonderes Ansehen genoss, begegnete man seiner Frau und seinen Kindern auch aufgrund ihrer Beziehung zu ihm mit Ehrerbietung.

Traditionsgemäß wurde mein Vater »Deepak Bhaya« genannt – »bhaya« ist die respektvolle Anrede für einen älteren Bruder. Er erhielt beim Essen stets den ersten Teller und durfte sich als Erster Geschenke aussuchen. Aber es gab eine Tradition, mit der sich mein Vater nicht wohl fühlte. Der Bruder meiner Großmutter, der Admiral in der indischen Marine war, hielt sehr viel von Hierarchie, von der Ordnung der Dinge und von Tradition. Er hatte zwei Söhne, Amit und Bharat, mit denen er sehr streng umging. Beide Jungen waren außerordentlich intelligent, begabt und wohlerzogen und die Lieblinge der ganzen Familie.

Als Amit und Bharat noch klein waren, vielleicht drei und vier, kamen sie nach Delhi, um meine Großmutter und ihre

Familie zu besuchen. Als sie sich meinem Vater näherten, gab mein Onkel ihnen die Anweisung, die Füße meines Vaters zu berühren, weil er der ältere Bruder war. Die Füße eines anderen zu berühren, ist in Indien eine Geste der Ehrerbietung und des Respekts. Meinem Vater war diese Geste unangenehm, obwohl er 15 Jahre älter als die kleinen Jungen war. Aber er hatte zu viel Angst vor seinem dominanten Onkel, um zu protestieren. Daher reagierte er etwas befangen darauf, indem er den Kopf der Jungen berührte.

Jahre vergingen. Meine Eltern wanderten in die USA aus und mein Vater wagte nun eher, seine Gedanken auszusprechen. Als Bharat nach Boston kam, um dort zu studieren, hatte mein Vater ihn und Amit seit Jahren nicht gesehen. Ich erinnere mich, wie ich mit meinem Vater zum Flughafen fuhr, um Bharat abzuholen. Als Bharat meinen Vater sah, beugte er sich automatisch hinunter, um seine Füße zu berühren. Das brachte meinen Vater so in Verlegenheit, dass er sich sofort ebenfalls bückte, um Bharats Füße zu berühren! Der Ausdruck in Bharats Gesicht war unbezahlbar. Es war fast, als ob mein Vater sein Weltbild zerstört habe, und er wusste nicht, wie er darauf reagieren sollte. Also berührte er die Füße meines Vaters noch einmal und mein Vater erwiderte die Geste erneut. Dann hielt er Bharat fest und umarmte ihn zur Begrüßung.

Kürzlich nahm ich an einer Familienfeier teil, als zwei junge Cousins, vielleicht sieben und neun Jahre alt, eintrafen. Wie es der Brauch ist, gingen sie im Zimmer herum und berührten die Füße der älteren Verwandten. Als sie es bei Bharat taten, hielt er sie zurück und erwiderte die Geste. Die Älteren im Raum zogen überrascht die Augenbrauen hoch und Bharats Vater verfolgte die Szene mit Entsetzen. Die Jungen beugten sich erneut hinab und Bharat tat es ihnen gleich – und lachte über ihre Versuche, mit diesem neuen Brauch umzugehen.

Als ich diesen Vorfall beobachtete, kam mir der Gedanke, wie wichtig es ist, alte Traditionen zu respektieren, aber sie auch in Frage zu stellen und anzupassen. Wir können unseren Kindern nicht einfach nur sagen, dass sie bestimmte Dinge tun sollen, weil sie schon immer so getan wurden. Wir schulden ihnen die Erklärungen, durch die sie Respekt vor den überlieferten Traditionen bekommen. Und wenn diese Gründe nicht mehr nachvollziehbar sind, müssen wir bereit sein, die Traditionen aufzugeben.

Anregung

Schreiben Sie ein Versprechen für Ihr Kind auf, bei dem es um die Einhaltung (oder Nichteinhaltung) einer bestimmten Familientradition geht, und erklären Sie, weshalb Ihnen dies wichtig ist.

29

Ich verspreche, dir zu zeigen, welche Kraft von kleinen Ritualen ausgeht.

Jeden Abend teilen sich meine Tante, Saroj Bainji, und mein Onkel Pal eine Grapefruit. Das ist eine Tradition, die sie in den mehr als vierzig Jahren ihrer Ehe aufrechterhalten haben.

Nach dem Essen wählt Saroj Bainji eine reife Grapefruit aus der stets gut gefüllten Obstschale. Wenn ein oder mehrere Gäste am Abendessen teilgenommen haben, wird die entsprechende Zahl Grapefruits an den Tisch gebracht. Saroj Bainji setzt sich bequem auf ihrem Stuhl zurecht und schält die saftige Frucht mit ihrem Lieblingsmesser, während sich Onkel Pal entspannt.

So lange Saroj Bainji schält, unterhält man sich mit den Enkeln, diskutiert aktuelle Familienprobleme, einen schwierigen Patienten oder den Zustand der Welt im Allgemeinen. An manchen Tagen gibt es vielleicht nicht viel zu besprechen, oder sie sind zu müde. Dann sitzen sie schweigend, denn zur Einhaltung des Rituals bedarf es nicht vieler Worte. Saroj Bainji isst eine Hälfte der Frucht, Onkel Pal die andere.

Tag für Tag, Monat für Monat, Jahr für Jahr teilen sie sich auf diese Weise ihre abendliche Grapefruit. Es ist die entspannteste Zeit des Tages, eine halbe Stunde, die nach so vielen Jahren fast zu etwas Selbstverständlichem geworden ist, aber dennoch zu den wichtigsten Augenblicken in ihrem Alltag gehört. Selbst an Tagen, an denen es eine Meinungsverschiedenheit gab, teilen sie sich die Grapefruit. Sie dient dann oft als Impuls zur Überwindung der Schranken, die im Zorn so leicht aufgebaut werden.

Für Saroj Bainji und Onkel Pal ist die Grapefruit zu einem Symbol für die Zeit am Ende des Tages geworden, in der sie miteinander in Verbindung treten. Es ist eine Zeit, in der sie beide durchatmen, die Ereignisse des Tages verarbeiten und sich vergewissern können, dass es dem anderen gut geht. Durch die Grapefruit wissen sie, wann das Leben im Gleichgewicht ist, wann ihre Beziehung im Gleichgewicht ist und wann es an der Zeit ist, zu sich selber und miteinander in Verbindung zu treten. Es ist eine kurze, sehr bewusst erlebte Zeit, in der sie sich zu ihrer Liebe zueinander und zu ihrem Bedürfnis nach Austausch und Gemeinsamkeit bekennen.

Solche kleinen Rituale schaffen den Raum für Verbundenheit in unserem Leben. Aufmerksamkeit für die kostbaren Augenblicke, die wir manchmal für etwas Selbstverständliches halten, kann uns helfen, auf magische Weise dauerhafte Beziehungen zu unseren Kindern zu entwickeln.

30

Ich verspreche, mit dir auf den Spuren deiner Ahnen zu wandeln.

Gemäß der hinduistischen Tradition werden in Indien Verstorbene verbrannt und ihre Asche wird zum heiligen Fluss Ganges gebracht. Normalerweise machen die Angehörigen des Verstorbenen eine Pilgerreise zur heiligen Stadt Varanasi, um die Asche auf dem Wasser zu verstreuen.

Als vor einigen Jahren mein Großvater starb, unternahmen mein Vater, mein Onkel und seine Frau sowie die Brüder meiner Großmutter die Pilgerreise nach Varanasi, um die Beisetzungsrituale durchzuführen. Es war eine Zeit intensiver Gefühle, und jeder von ihnen wurde auf dieser Reise von glücklichen und traurigen Erinnerungen, Hoffnungen und Enttäuschungen begleitet.

Als sie an jenem Abend auf den Stufen am Ufer des Flusses standen, entzündeten sie traditionelle Lampen und sprachen ein Gebet, bevor sie die Asche meines Großvaters über dem Wasser verstreuten. Sie sahen, wie das, was jetzt nur noch Staub war, im Schein des Mondlichts und der Lampen – für immer frei – von ihnen forttrieb.

Sie wollten gerade aufbrechen, als sich ihnen zwei heilige Männer näherten. Die Männer trugen die traditionellen safrangelben Gewänder und gingen barfuß. Ihre Haut war mit schwarzer Asche eingerieben, ihre Stirn mit den traditionellen roten Punkten verziert, die lange Stunden der Meditation und des Gebets symbolisieren. Jeder der heiligen Männer trug einen Stapel zerfledderter Papiere, die in einer nicht zu entziffernden Handschrift beschrieben waren.

Die heiligen Männer fragten meinen Vater nach dem Namen des Verstorbenen und seinem Geburtsort, seinem Geburtsdatum und dem Namen seines Vaters. Mein Vater beantwortete alle Fragen und wartete gespannt, während die beiden Männer sich miteinander berieten und in ihren Papieren nachlasen. Nach etwa zehn Minuten sagten sie, sie hätten die Unterlagen gefunden.

Die heiligen Männer zeigten meinen Angehörigen eine Aufzeichnung, die mein Großvater, Daddy, vor mehr als 50 Jahren während des Beisetzungsrituals für seinen eigenen Vater geschrieben hatte. Er hatte die Namen seiner Brüder aufgeschrieben, die die Reise mit ihm unternommen hatten. Vor Daddys Eintrag stand ein Eintrag seines Vaters. Er war dreimal an diesem Ort gewesen – einmal, um seinen Vater beizusetzen, einmal direkt nach seiner Hochzeit und einmal, als Daddy noch klein war. In seinem letzten Eintrag hatte er in ordentlichem Englisch geschrieben, dass Daddy während der Reise ungezogen gewesen sei, dass er aber auch von der Schönheit seines Sohnes beeindruckt sei. Er sagte, dass Daddy wie der große indische Dichter Rabindranath Tagore als Baby aussehe, und gab ihm daher den Kosenamen Togo. Mein Vater und mein Onkel konnten die Tränen nicht zurückhalten, weil sie jetzt wussten, weshalb sie das Werk des Dichters immer geliebt hatten.

Mein Vater fragte die heiligen Männer, wie weit die Aufzeichnungen zurückreichten. Sie wandten sich wieder ihren Papieren zu und zogen bald einen Eintrag heraus, den der Urgroßvater meines Vaters geschrieben hatte. Dieser Eintrag war auf Urdu verfasst worden und bezog sich wieder auf die Beisetzungsrituale für seinen Vater. Sie hatten viele Seiten voller Aufzeichnungen, die alle mit unserer Familie verbunden waren und ähnliche Geschichten erzählten. In manchen waren einfach nur Namen, Orte und Berufe aufgezählt, während andere Geschichten von Liebe und Krieg, Hoffnungen und Träumen erzählten. Die Einträge reichten bis 300 vor Christus, in die Zeit Alexanders des Großen, zurück.

Dann wiesen die heiligen Männer ihre Zuhörer darauf hin, dass es an der Zeit sei, die Unterlagen zu aktualisieren. Sie zogen einen abgebrochenen Bleistift hervor, und schrieben die Namen meines Vaters, meines Onkels und meiner Tante und der Brüder meiner Großmutter auf. Sie fragten nach den Namen der Ehefrauen und Kinder und vervollständigten den Familienstammbaum mit den heutigen Generationen bis hin zu meinen drei Cousins, meinem Bruder, mir selbst und meinem Mann Sumant. Die Männer gaben meinen Angehörigen Gelegenheit, Botschaften für zukünftige Generationen zu hinterlassen. Dann verabschiedeten sie sich mit einer einfachen Verbeugung.

Als mein Vater nach Delhi zurückgekehrt war und uns anrief, um von seiner Pilgerreise zu berichten, bemerkten wir, dass die Reise dazu beigetragen hatte, seine tiefe Trauer etwas zu mildern. Als er uns von den beiden heiligen Männern erzählte, begriffen wir, welche Erkenntnisse er über den Zyklus von Leben und Tod gewonnen hatte. Obwohl es für uns alle eine traurige Zeit war, konnten wir auch verstehen, dass Daddys Existenz, wie unser aller Existenz, Teil des natürlichen Rhythmus des Universums war. Das Wissen, dass unsere Seelen zwar kommen und gehen, dass aber dennoch eine Verbindung zu unseren Ahnen besteht, hatte etwas Tröstliches.

Mein Vater erzählte uns hoffnungsvoll und aufgeregt von den Geheimnissen, die er für Gotham und mich, für seine Enkel und die zukünftigen Generationen hinterlassen hatte. Und durch diese Reise hatte mein Vater Trost, Hoffnung und Glück in dem Wissen gefunden, dass auch nach seinem Tod noch eine Aufzeichnung darüber existieren würde, dass er in Liebe mit einer Ahnenreihe, die weit über ihn selbst hinausreichte, verbunden gewesen war.

Generationen kommen und gehen wie eine Brise im Wind,
der Duft deiner Ahnen bleibt in der Luft.

Vom Hüter unserer Familienaufzeichnungen in Varanasi

Entscheidungen

Wie du dein Schicksal beeinflusst

31

Ich verspreche, eine liebevolle und anregende Umgebung für dich zu schaffen.

Als Mutter mache ich mir stets Gedanken über die Umgebung, in der meine Babys aufwachsen. Ich denke darüber nach, wie ihre Wahrnehmung der Welt durch das, was sie hören, sehen, schmecken, berühren und erleben, beeinflusst wird. Wie ihr Selbstbild dadurch gestärkt wird, dass sie Liebe und Frieden in ihrem Leben erfahren. In der chinesischen Philosophie gibt es eine bekannte Geschichte über die Mutter von Mencius, einem der berühmtesten Schüler von Konfuzius, und die Entscheidungen, die sie während seiner Kindheit traf.

Als Mencius noch klein war, lebte seine Familie in der Nähe eines Friedhofs. Eines Tages beobachtete seine Mutter, wie Mencius und seine Freunde »Beerdigung« spielten und die letzten Riten füreinander vollzogen. Das war nicht die Umgebung, in der ihr Sohn aufwachsen sollte. Also beschloss sie umzuziehen, was 300 Jahre vor Christus nicht ganz einfach war.

Sie zogen in die Nähe eines Marktes. Bald beobachtete Mencius' Mutter, wie ihr Sohn mit seinen Freunden feilschte und sich freute, wenn er sie übervorteilen konnte. Ihr wurde klar, dass das nicht die Werte waren, die sie ihm vermitteln wollte. Also packten sie erneut ihre Sachen zusammen und zogen in eine kleine Hütte in der Nähe einer Schule. Jetzt sah sie, dass ihr Sohn beobachtete, wie die anderen Kinder lasen, über Wissenschaft und Philosophie diskutierten und miteinander und mit Respektspersonen höflich umgingen. Mencius begann, ihr Verhalten nachzuahmen, und wurde schließlich zu einem der größten Denker und Philosophen seiner Zeit.

32

Ich verspreche, dir dabei zu helfen, die verborgene Bedeutung von Ereignissen zu verstehen.

Mit 23 Jahren ging ich nach Indien, um beim Aufbau eines amerikanischen Musikkanals mitzuarbeiten. Ich wollte in Indien leben, um Zeit mit meinen Großeltern zu verbringen und das Land kennen zu lernen, in dem ich geboren war, aber nie gelebt hatte. Ich rechnete überhaupt nicht damit, dass der Zweck meiner Reise darin bestehen könnte, meinen Mann, Partner fürs Leben und Vater meiner Kinder zu treffen.

An meinem ersten Tag in Neu-Delhi lud mich meine Cousine zu einer Party ein. Ihr Haus war in Delhi für seine Festlichkeiten bekannt und diesmal sollte eine »Graffiti«-Party stattfinden. Alle Gäste trugen weiße Kleidung und erhielten bei ihrer Ankunft eine Packung farbiger, auswaschbarer Textilmarker, mit denen sie Bilder oder lustige Sprüche auf die Kleidung der anderen Gäste malen konnten. Es war ein lustiger, unbeschwerter Abend. Als Neuankömmling war ich von neuen Bekannten umringt, und mein weißes Hemd war bald mit Farben, Wörtern und wilden Zeichnungen bedeckt.

An diesem Abend ragte eine Person besonders heraus:

ein großer, schlanker, athletischer Mann mit einem schönen Lächeln, einem leichten Gang und einer entspannten, freundlichen Art. Wir sprachen nur ein oder zwei Minuten miteinander und am Ende der Party konnte ich mich nicht einmal mehr an seinen Namen erinnern. Trotzdem verließ ich das Fest mit dem Gefühl, dass etwas Besonderes geschehen war und dass sich mein Leben durch die kurze Begegnung mit diesem Menschen verändern würde.

Ich ging nach Hause, gab mein T-Shirt der Dienerin zum Waschen und schlief in dieser Nacht tief und fest. Als mein Hemd am nächsten Morgen aus der Wäsche kam, war es wieder strahlend weiß – bis auf eine Stelle bei meinem Herzen, an der mit blauem Marker »Sumant« mit einer Telefonnummer geschrieben stand. Ich wusste sofort, dass das der Mann war, den ich am Abend zuvor kennen gelernt hatte. Ich griff zum Telefonhörer und wählte Sumants Nummer. Nach einem Essen mit ihm war mir klar, dass ich den Rest meines Lebens mit ihm verbringen würde. Eineinhalb Jahre später heirateten wir.

Später erfuhr ich, dass einer von Sumants Freunden ihm empfohlen hatte, mich anzusprechen, und dass er geantwortet hatte: »Wenn ich das tue, werde ich nicht mehr von ihr loskommen.« Er hatte schnell nach einem (nicht auswaschbaren) Stift gegriffen, mich angesprochen und auf mein Hemd geschrieben. Dann war er gegangen. Mein Hemd war an diesem Abend das einzige, auf das er etwas schrieb.

An jedem Wendepunkt im Leben gibt es Handlungen, Augenblicke, Beziehungen und Situationen, die von großer Bedeutung sind. Es macht Spaß, die Botschaften zu entschlüsseln, die Hinweise zu verstehen und Chancen zu nutzen, um das zu erschaffen, was man sich wünscht. Wenn etwas bewirkt, dass man für einen Augenblick innehält, sollte man dieser Sache besondere Beachtung schenken. Vielleicht ist sie der Zugang zu einer Welt voller Magie, die nur darauf wartet, sich einem zu eröffnen.

Anregung

Denken Sie an eine zufällige Begegnung, die für Ihr Leben und das Ihres Kindes große Bedeutung hatte.

33

Ich verspreche, dir zu zeigen, wie befreiend es ist, über sich selbst lachen zu können.

Tara hat Sumant und mich gelehrt, dass wir nicht alles um uns herum kontrollieren können und dass einige der Dinge, die wir für so wichtig oder ernst hielten, es gar nicht sind. Sie hat uns etwas über Freiheit gelehrt – die Freiheit von Befangenheit, die Freiheit von der Sorge darüber, was andere über uns denken, und die Freiheit, hemmungslos über sich selbst zu lachen.

Einige Wochen nach Taras Geburt gingen Sumant und ich zum ersten Mal wieder zu zweit essen, während meine Mutter auf sie aufpasste. Ich war beim Frisör gewesen, hatte Make-up aufgelegt, eine neue Bluse angezogen und fühlte mich frisch und lebendig. Ich nahm Tara auf den Arm, um mich zu verabschieden, und natürlich spuckte sie auf meine Kleider. Nachdem ich mich stundenlang herausgeputzt hatte, passte das natürlich perfekt! Sogar heute passiert es noch, dass eine neue oder besonders hübsche Bluse am Ende unweigerlich mit Spaghettisoße oder zerdrückten Erbsen beschmiert ist. Solche Flecken sind die Ehrenabzeichen der Mutterschaft.

An einem anderen Abend feierten Sumant und ich in einem vornehmen Restaurant die Beförderung eines Freundes. Natürlich verrichtete Tara in dem Augenblick, als wir uns hinsetzten, ein großes Geschäft. Auf der Toilette gab es keinen Wickeltisch, aber dafür eine lange Reihe elegant gekleideter Frauen, die sich vor dem Spiegel die Nase puderten. Als ich versuchte, Taras Windel in der Ecke stehend zu wechseln, spürte ich plötzlich etwas weiches, unangenehm Riechendes in meinem Gesicht. Ich konnte nur noch lachen, als sich die Frauenschar schnell auflöste, um mich an das Waschbecken heranzulassen.

Wenn ich Hautunreinheiten habe und Make-up auflege, um sie zu überdecken, bemerkt Tara es immer. Dann sagt sie: »Mama, hast du ein Bu-Bu? Darf ich es küssen?« Peinlich ist es, wenn wir ausgehen und sie auch alle anderen darüber informiert, dass Mama ein Bu-Bu hat und dass sie es auch küssen sollten. Was bleibt mir anderes übrig, als zu lachen und angesichts ihrer Fürsorge gerührt zu sein?

Sumant bereitete sich einmal auf eine wichtige Besprechung vor, eine Präsentation, an der er wochenlang gearbeitet hatte. In einer Pause sah er seine Notizen durch, während seine Kollegen ihre Telefonnachrichten und E-Mails überprüften. Plötzlich wurde ihm bewusst, dass die anderen ihn komisch ansahen. Er merkte, dass er »Quietscheentchen«, den Lieblingssong von Ernie aus der *Sesamstraße*, vor sich hin gesummt hatte, und musste lachen, als einer der anderen Männer mit einstimmte.

Welche kostbaren Geschenke machen uns unsere Kinder mit ihrem Lachen und ihrer Ausgelassenheit! Sie lehren uns in diesen Augenblicken, dass nichts so wichtig ist wie Lächeln, Liebe und Lebensfreude.

34

Ich verspreche, dich die Kraft des Verzeihens zu lehren.

Eines Abends saßen meine Großeltern beim Abendessen, als drei junge Männer hereinstürmten. Sie trugen Skimasken und hielten Maschinengewehre in der Hand. Sie hatten den Diener bewusstlos geschlagen und drangen in das Haus ein, in dem meine Großeltern einen ruhigen Abend zusammen genossen.

Die Männer befahlen Maa und Daddy, aufzustehen, die Safes im Haus zu öffnen und Schmuck, Geld und andere wertvolle Besitztümer herauszugeben. Meine Großeltern, die damals beide in den Siebzigern waren, folgten den Anweisungen, da sie wussten, dass sie ihr Leben nur retten konnten, indem sie keinen Widerstand leisteten. Zu diesem Zeitpunkt hatte es in Delhi gerade eine Reihe von Einbrüchen gegeben, von denen viele tragisch endeten. Bis dahin hatten die Männer nur grob mit meinen Großeltern gesprochen, sie aber nicht angerührt oder auf irgendeine andere Weise Zwang ausgeübt.

Nachdem meine Großeltern alle Schränke geleert hatten, gab der Anführer einem der anderen Männer den Befehl, sie zu töten. Als er zögerte, bemerkte Daddy, der ruhig und sehr aufmerksam war, dass der junge Mann zitterte und, so schien es ihm, sogar weinte. Er widersetzte sich dem Anführer und sagte, dass er es nicht tun könne. Er werde meine Großeltern stattdessen im Badezimmer fesseln. Der junge Mann hatte bemerkt, dass sie alt und hilflos waren, und dass es nicht von Vorteil für sie sein würde, das alte Paar zu töten. Er äußerte seine Meinung, und der Anführer wies ihn mürrisch an, sie wegzubringen, während die anderen die Beute ins Auto luden.

Der junge Mann nahm meine Großmutter bei der Hand und führte sie ins Badezimmer, während mein Großvater vorausging. Dann wies er sie an, sich zu setzen, und schlang die Schnur locker um ihre Hände. Wieder fiel meinem Großvater auf, dass der junge Mann von stummem Schluchzen geschüttelt wurde. »Beta«, fragte mein Großvater und verwendete dabei die Anrede für »Sohn«, »warum beteiligst du dich an so schrecklichen Verbrechen?« Der Mann antwortete mit schwacher Stimme: »Ich kann meine Familie auf keine andere Art ernähren, Doktor Saab. Mein Vater ist tot, und ich muss meine Mutter, meine Frau und drei kleine Kinder unterstützen. Es gibt keine Arbeit, und ich kann sie doch nicht verhungern lassen.«

Geistesgegenwärtig wie immer ging mein Großvater auf die respektvolle Anrede als Doktor Saab ein. »Beta, sind wir uns schon einmal begegnet?«, fragte er sanft. Plötzlich brachen alle Gefühle hervor, die sich in dem jungen Mann aufgestaut hatten. Er begann zu weinen und berichtete: »Gott möge mir verzeihen. Doktor Saab, vor einigen Jahren haben Sie meinen Vater am Herzen operiert. Sie haben damals sein Leben gerettet. Ich habe Sie erst erkannt, als wir in das Haus kamen. Sie haben uns dafür nie etwas in Rechnung gestellt, und jetzt habe ich die größte Sünde an Ihnen begangen.« Und dann nahm er seine Maske ab und berührte unter Tränen erst Daddys und dann Maas Füße. »Bitte verzeihen Sie mir.« Meine Großmutter berührte seinen Kopf, nahm seine Geste des Respekts an und sagte: »Gott sei mit dir, mein Sohn.« Daraufhin rannte der Mann aus dem Haus, um mit seinen Kumpanen zu fliehen.

In derselben Woche fasste die Polizei drei junge Männer, die in einer Nachbarsiedlung einen Einbruch begangen hatten. Meine Großeltern wurden hinzugezogen, um zu sehen, ob sie die drei identifizieren konnten, und es waren tatsächlich dieselben. Die jungen Männer kamen ins Gefängnis, um ihre Gerichtsverhandlung zu erwarten. Sie hatten Einbrüche in mehreren Gegenden verübt, von denen einer damit geendet hatte, dass die Opfer ins Krankenhaus gebracht werden mussten.

Als die Verhandlung nahte, wurden meine Großeltern als Zeugen vorgeladen. Maa weigerte sich jedoch, der Vorladung nachzukommen. Der Kampf des jungen Mannes war ihr sehr nahe gegangen, und sie musste immerzu an seine Mutter, seine Frau und seine drei Kinder denken. Sie wusste, dass die drei Männer bestraft würden (was auch eintrat), und war der Meinung, dass ihre Aussage kein neues Licht auf die Sache werfen würde.

Stattdessen machte Maa, ohne jemandem etwas davon zu sagen, die Familie des jungen Mannes ausfindig. Sie gab seiner Frau Geld, um Essen und Schulbücher für die Kinder zu kaufen. Sie umarmte seine Mutter und tröstete sie wegen der kriminellen Handlungen ihres Sohnes. Daddy hatte das Leben seines Vaters gerettet und Maa rettete jetzt das Leben derer, die er liebte.

35

Ich verspreche, dir zu zeigen, dass Glück nicht von äußeren Umständen abhängig ist.

Unsere Eltern haben immer versucht, uns zu vermitteln, dass wir in uns selbst ruhen sollten. Indem wir auf unser Herz und unsere innere Stimme statt auf den Chor ständig wechselnder Meinungen, Situationen und Umstände hörten, lernten wir, selbstbewusst, sicher und glücklich zu sein. Sie lehrten uns diese Lektion anhand folgender Parabel.

Im alten China gab es einen Mann, der in einem kleinen Dorf lebte. Er hatte einen Sohn, der in die Stadt gegangen war, um Arbeit zu finden. Die anderen Dorfbewohner dachten, dass der Mann traurig sein müsse, weil er allein war, aber er sprach nie von Einsamkeit oder Traurigkeit.

Eines Tages kehrte der Sohn des Alten nach Hause zurück. Die Dorfbewohner wollten ihn beglückwünschen, waren aber überrascht, als sie sahen, dass er angesichts dieser positiven Wendung kaum Gefühle zeigte. Der alte Mann war weder glücklich noch traurig und dankte ihnen einfach für ihre Anteilnahme.

Einige Tage später war der alte Mann mit seinem Pferd unterwegs, als ihm plötzlich die Zügel aus der Hand rutschten und das Pferd davongaloppierte. Als sich die Neuigkeit verbreitete, kamen die Dorfbewohner zu seinem Haus, um ihn wegen des Verlusts eines so guten Pferdes zu trösten. Der alte Mann dankte ihnen, zeigte aber keine Traurigkeit.

Am nächsten Tag sahen die Dorfbewohner zu ihrer Überraschung, dass das Pferd nicht nur zurückgekehrt war, sondern auch noch zwei der herrlichsten schwarzen Stuten mitgebracht hatte, die sie je gesehen hatten. Allerdings waren sie befremdet angesichts der Gelassenheit des alten Mannes, als sie ihm gratulieren wollten. Er schien sich über das Glück, das ihm widerfahren war, nicht zu freuen.

Eine Woche später versuchte der Sohn des alten Mannes eine der Stuten zu zähmen. Dabei stürzte er und brach sich ein Bein. Als die Dorfbewohner nach ihm sahen, konnten sie nicht verstehen, dass der alte Mann angesichts dieses Unglücks nicht weinte.

Am selben Tag kamen Militärs in das Dorf, um alle tauglichen jungen Männer für die Armee zu rekrutieren. Als sie zum Haus des alten Mannes kamen, entschieden sie, seinen Sohn wegen des gebrochenen Beins nicht mitzunehmen. Als die Dorfbewohner den alten Mann dazu beglückwünschen wollten, lächelte er nur und sagte: »Was geschieht, geschieht immer zum Besten.«

36

Ich verspreche, dir zu zeigen, dass wir aus den dunkelsten Augenblicken im Leben Wichtiges lernen können.

Im ersten Jahr meines Managementstudiums entwickelten Sumant und ich ein Konzept für ein Start-up-Unternehmen. Es war der Höhepunkt des Internetbooms und unsere Idee – ein Internetportal für die Persönlichkeitsentwicklungsbranche zu schaffen – wurde zuerst von meinem Vater und schließlich von zahlreichen Partnern, Investoren und hochrangigen Managern aufgegriffen. Die nächsten zwei Jahre waren ein Kaleidoskop aus Erfahrungen, Gefühlen und dramatischen Erfolgen und Niederlagen.

Unser Start-up erwies sich als Wendepunkt in meinem Leben. Als designierte Gründerin des Unternehmens brach ich mein Studium ab, zog nach Los Angeles, während Sumant weiterhin in Chicago studierte, reiste durch das Land, um mich mit potenziellen Investoren zu treffen, bekam schließlich mehr als zehn Millionen Dollar zusammen und war die erste Angestellte des Unternehmens. Im Lauf der nächsten 18 Monate wuchs das Internetportal auf mehr als 60 Mitarbeiter an und galt als eines der Unternehmen, die man in den nächsten Jahren im Auge behalten musste. In diesen ersten Monaten, als Sumant und ich junge Unternehmer waren und beobachten konnten, wie aus unserer während des Studiums entwickelten Vision allmählich etwas wahrhaft Großes wurde, erlebten wir einige der aufregendsten Augenblicke unseres Lebens.

Aber dieser Erfolg brachte auch viele neue Probleme mit sich, und wir mussten bald feststellen, dass wir keine Kontrolle mehr über die Vision und ihre Umsetzung hatten. Erfahrenere Profis hatten die Zügel in die Hand genommen. Wir wurden zur Seite gedrängt, während andere, die es »besser wussten«, wichtige Entscheidungen hinsichtlich der Führung des Unternehmens trafen.

Das größte Problem ergab sich, als wir eine Managerin einstellten, deren Vision, Führungsstil und Vorgehensweise in völligem Gegensatz zu meinen Vorstellungen stand. Dies war eine der schwierigsten Beziehungen, die ich je in meinem Leben hatte. Diese Frau kam als höchste Führungskraft des Unternehmens zu uns und erkannte zu Recht, dass es viele Schwachpunkte gab und Dinge, die verändert werden mussten. Aber ihr Kommunikationsstil war direkt, unemotional und zeitweise so hart, dass Mitarbeiter in Besprechungen mit ihr in Tränen ausbrachen. Sie war insgesamt drei Monate in der Firma, aber in dieser kurzen Zeit schien meine ganze Welt zusammenzubrechen.

In der Rückschau sehe ich diese Zeit als einen wichtigen Wendepunkt in meinem Leben. Ich erkenne, dass meine Angst vor der Konfrontation und meine Unsicherheit in Bezug auf meine Fähigkeiten mich daran hinderten, für das einzustehen, woran ich glaubte. Ich verlor meine Stimme und war vor Angst gelähmt. Ich sah zu, wie Mitarbeiter, die ich eingestellt hatte, die Firma wütend und enttäuscht verließen. Diese Menschen waren zu unserem Start-up gekommen, weil sie unsere Vision, unsere Ziele und unsere Leidenschaft teilten. Ich sah mit an, wie mein Traum sich langsam in Nichts auflöste, weil ich zu viel Angst davor hatte, meine Meinung zu äußern, obwohl ich wusste, dass das, was vor meinen Augen geschah, falsch war. Ich zwang mich, mich selbst zu prüfen, wie ich es nie zuvor getan hatte, mir meine tiefsten Ängste einzugestehen und meine Stärken und Schwächen anzunehmen.

Heute kann ich ehrlich sagen, dass ich dieser Frau, die mich zwang, tief in mich hineinzusehen, dankbar bin. Sie half mir in vielerlei Hinsicht, meine Stimme zu finden.

Letztlich weckte diese Verletzung eine neue Leidenschaft in mir – den Willen, dafür zu sorgen, dass ich in Zukunft gehört werde und dass ich mich nicht von der Angst oder dem Gedanken, dass andere etwas besser wissen oder können, lähmen lasse.

Und vor allem kann ich durch mein eigenes Vorbild das Selbstvertrauen meiner Kinder stärken, damit sie ihre Meinung äußern und das tun können, was sie in ihrem Herzen für richtig halten.

Murakumo ya
Tsuki no kuma wo ba
Nogofuramu
Hareyuku tabi ni
Terimasaru kana

Die Wolkenhaufen –
können sie die Mondschatten
einfach wegwischen?
Wenn sie sich dann verziehen
scheint der Mond umso heller.

Minamoto no Toshiyori

Anregung

Denken Sie an ein Problem, das Sie mit einem Widersacher hatten. Denken Sie darüber nach, wie diese Erfahrung einen stärkeren Menschen aus Ihnen gemacht hat. Nehmen Sie sich vor, diese Geschichte eines Tages mit Ihrem Kind zu teilen.

37

Ich verspreche, dir dabei zu helfen, vorgefasste Meinungen zu vermeiden.

Als Individuen fällen wir ständig Urteile über Menschen, Orte und Situationen. Wenn wir Eltern sind, hinterlassen unsere Urteile tiefe Eindrücke bei unseren Kindern, die ihre Sicht der Welt beeinflussen. Wir tragen dazu bei, ihre Ängste, Meinungen und Hoffnungen zu formen, und legen den Grundstein zu ihren Träumen. Das folgende afrikanische Märchen über einen kleinen Frosch und eine kleine Schlange, die einen Tag der Freundschaft erleben, erinnert mich an unsere Verantwortung als Eltern und unsere Macht, die Gedanken unserer Kinder zu beeinflussen.

Der kleine Frosch übte eines Tages bei einem Sumpf seine Sprünge. »Hopp, hopp, hopp«, quakte er vor sich hin, während er von einem Stein zum anderen hüpfte. Er fühlte sich so frei, wenn er sich vom Boden abstieß.

Als er so dahinhüpfte, sah er ein langes, dünnes Geschöpf, das sich um einen Busch herumwand. »Schlängel, schlängel«, zischte das Geschöpf.

»Wer bist du?«, fragte der kleine Frosch.

»Ich bin die kleine Schlange«, antwortete die Schlange.

»Willst du heute mit mir spielen?«, fragte der kleine Frosch.

»Ja«, antwortete die Schlange.

Und so hüpften sie und schlängelten sich den ganzen Tag. Der kleine Frosch zeigte der kleinen Schlange, wie man von einem Stein zum anderen hüpft. Für die kleine Schlange war es – angesichts ihrer Länge – etwas schwierig, aber sie hatte trotzdem Spaß dabei.

Und die kleine Schlange zeigte dem kleinen Frosch, wie man einen Zweig an einem Busch hinaufglitt. Das Hinaufgleiten war für den kleinen Frosch etwas schwierig, aber er stellte fest, dass es am Bauch kitzelte.

Sie kicherten beim Spielen miteinander.

Bald wurden der kleine Frosch und die kleine Schlange hungrig und beschlossen zum Mittagessen nach Hause zu gehen. Sie versprachen einander, sich am nächsten Tag wieder zu treffen, um miteinander zu spielen.

Als der kleine Frosch nach Hause kam, sah ihn seine Mutter in einer sehr merkwürdigen Haltung. »Was tust du da?«, fragte sie.

»Schau, Mama!«, rief der kleine Frosch, während er dahinglitt, hüpfte und glitt. »Meine Freundin, die Schlange, hat mir heute Morgen gezeigt, wie man gleitet!«, sagte er stolz.

Mama Froschs Augen wurden vor Angst ganz groß. »Baby, weißt du denn nicht, dass uns die Schlangen fressen? Versprich mir, dass du nie wieder mit ihr spielen wirst!«

Als die kleine Schlange nach Hause kam, lachte ihre Mutter zuerst. »Was um alles in der Welt tust du da?«, fragte sie, als sich die kleine Schlange von einer Seite zur anderen und auf und ab wand.

»Ich hüpfe, Mama, schau!«, antwortete die kleine Schlange stolz. Und sie schlängelte sich, glitt, hüpfte und hopste.

»Mein Freund, der kleine Frosch, hat es mir beigebracht!«, sagte sie lächelnd.

Mama Schlange zischte. »Baby, die Frösche sind unser Essen, nicht unsere Freunde. Wenn du ihn das nächste Mal triffst, schluckst du ihn runter. Und hüpf nicht so – das sieht dumm aus!«

Als der kleine Frosch und die kleine Schlange am nächsten Tag zum Sumpf gingen, hielten sie Abstand voneinander. Der kleine Frosch hüpfte ein wenig zurück und sagte der kleinen Schlange, dass er nicht mehr mit ihr spielen könne. »Danke, dass du mir das Schlängeln beigebracht hast. Es hat wirklich Spaß gemacht«, sagte er traurig.

Die kleine Schlange dachte daran, dass ihre Mutter ihr gesagt hatte, sie solle den Frosch fressen. Aber dann erinnerte sie sich, wie viel Spaß sie miteinander gehabt hatten, und glitt davon.

Während sie sich davonschlängelte, sah die kleine Schlange traurig zurück und sagte: »Danke, dass du mir das Hüpfen beigebracht hast!«

Insgeheim, an verschiedenen Enden des Sumpfes, übten der kleine Frosch und die kleine Schlange – Gleiten, Hüpfen, Schlängeln, Hopsen – und erinnerten sich an den einen Tag der Freundschaft, an dem sie beide so viel Spaß gehabt hatten.

38

Ich verspreche, dich zu lehren, das Leben nicht zu ernst zu nehmen.

Das Lebensmotto meines Vaters, das er an Gotham und mich weitergegeben hat, lautet: »Nimm das Leben nie zu ernst.« Das mag einfach, ja, sogar klischeehaft klingen, aber sich danach zu richten, ist oft viel schwerer als man denkt.

Für mich hat diese Lektion ihren ganz eigenen Beigeschmack. Das Leben nicht zu ernst zu nehmen, bedeutet, sich nicht von anderen kränken zu lassen, niemandem etwas nachzutragen und anderen zu verzeihen. Es bedeutet, über sich selbst lachen zu können, und zuzugeben, dass man sich manchmal irrt. Es bedeutet auch, Zorn zurückzuhalten, denn es ist so einfach und so befriedigend, andere anzugreifen.

Sich gekränkt zu fühlen, ist oft in erster Linie eine Reaktion darauf, dass man sich zu wichtig nimmt und erwartet, als die Person, die man ist, statt für das, was man getan hat, respektiert zu werden. Ich habe erlebt, dass andere gekränkt waren, weil jemand nicht auf die richtige Art mit ihnen sprach, einen Brauch oder eine Regel nicht einhielt. Wenn ich mich gekränkt fühle, dann oft deshalb, weil ein Teil von mir der Kritik zustimmt oder das Gefühl hat, dass die wahrgenommene Geringschätzung auf irgendeine Weise berechtigt ist.

Ich habe auch erlebt, dass es einfach ist, nachtragend zu sein. Indem wir nachtragend sind, können wir oft Konflikte vermeiden und anderen die Schuld für einen Misserfolg geben. Wir können es vermeiden, unseren eigenen Dämonen und Unsicherheiten ins Auge zu sehen, denn das ist sehr schwer. Es ist sehr viel einfacher, unseren Zorn an anderen auszulassen.

Eine andere wichtige Lektion besteht darin, dass wir das Spiel, uns selbst nicht ernst zu nehmen, nicht ernst genug nehmen können. Es ist in Ordnung, sich aufzuregen und wütend zu werden, sich unsicher und unfähig zu fühlen, Anerkennung und Trost zu suchen. Wir sollten uns selbst erlauben, Enttäuschung, Zorn und Frustration zu empfinden, und wir sollten unsere Gefühle mit denen, die uns nahe stehen, teilen. Und wenn wir diesen Prozess durchlaufen haben, ist es wichtig, loszulassen, weiterzugehen und wieder zu lachen. Es gibt zu viele schöne, lustige und besondere Dinge auf dieser Welt, um uns von Ernsthaftigkeit überwältigen zu lassen.

39

Ich verspreche, dich darin zu bestärken, dir zu vertrauen.

Die Bewertungen, die wir als Eltern abgeben, haben erhebliche Auswirkungen darauf, wie unsere Kinder ihre eigenen Stärken und Schwächen wahrnehmen. Meist sind wir uns darüber im Klaren, wie unsere Äußerungen ihr Weltbild formen, aber was wir nicht unter Kontrolle haben, sind die Kommentare anderer. Deshalb müssen wir sie lehren, sich selbst zu vertrauen und sich nicht durch andere von ihren Überzeugungen und Werten abbringen zu lassen. Eine von Äsops Fabeln illustriert das sehr schön.

Es war einmal ein Fuchs, der durch den Wald schlich und plötzlich auf drei Krähen stieß, von denen jede ein Stück Käse im Schnabel hielt. Der Fuchs war hungrig, aber ihm war auch klar, dass er schlau sein musste, um an den Käse zu kommen, da er nicht zu den hohen Ästen hinaufklettern konnte, auf denen sie saßen.

Die erste Krähe war im Begriff, ihren Käse zu essen, als der Fuchs zu ihr hinaufrief: »Wunderschöne Krähe. Ich habe in meinem ganzen Leben keinen so schönen Vogel gesehen.« Als die Krähe solche Komplimente hörte, sah sie hinunter, begann plötzlich auf ihre Haltung zu achten und hoffte, dass ihre Federn schön glatt waren. Sie sah den

Fuchs, der bewundernd zu ihr hinaufsah. Sie flog auf einen tieferen Ast hinunter, um den Fuchs besser hören zu können. »Oh, jetzt kann ich dich sogar noch besser sehen«, sagte der Fuchs. »Wie schön dein Gefieder glänzt! Und ich habe noch nie einen so perfekten Schnabel gesehen. Ich kann mir nur vorstellen, was für eine göttliche Stimme du hast.« In dem Bemühen, ihrem Bewunderer zu gefallen, öffnete die Krähe den Schnabel, um zu singen, und schon fiel der Käse heraus. Der Fuchs schnappte rasch zu und schluckte die Delikatesse hinunter. Die erste Krähe erkannte, dass sie hinters Licht geführt worden war, aber es war zu spät, denn der Käse war weg.

Die zweite Krähe hatte alles beobachtet und war außer sich vor Zorn. Wie konnte der Fuchs es wagen, ihrer Freundin so übel mitzuspielen? Als der Fuchs merkte, dass die zweite Krähe ihn böse anstarrte, wandte er sich ihr zu. »Was glotzt du so, hässliche Krähe?«, fragte er. »Ich habe noch nie etwas so Schmutziges wie dich gesehen! Sind deine Federn von Natur aus so dunkel oder sind sie voller Schmutz, dass sie so hässlich aussehen? Wie kommt es, dass du überhaupt Freunde hast? Sie müssen sich ja die Nase zuhalten, wenn sie in deine Nähe kommen!« Während der Fuchs sie so beleidigte, wurde die zweite Krähe immer zorniger. Sie war schon immer etwas empfindlich in Bezug auf ihre dunklen Federn gewesen, aber wie konnte der Fuchs unterstellen, dass sie schmutzig war? Sie achtete sehr auf ihre Sauberkeit. In der Absicht, dem Fuchs die Meinung zu sagen, öffnete die zweite Krähe den Schnabel. Aber bevor sie auch nur einen Ton von sich geben konnte, fiel das Stück Käse heraus. Der Fuchs hatte es im Nu verschlungen.

Jetzt wandte sich der Fuchs der dritten Krähe zu. Die dritte Krähe hatte die Unterhaltung zwischen ihren Kameradinnen und dem Fuchs mit wenig Interesse verfolgt. Es tat ihr nur Leid, dass ihnen eine solche Köstlichkeit entgangen war. Der Fuchs wurde nun sehr aggressiv, um die dritte Krähe zu einer zornigen Reaktion zu bewegen.

»Du hältst dich wohl für etwas Besseres als deine Freundinnen, was?«, fragte er. »Was weiß eine dumme Krähe wie du schon über das Leben? Du sitzt da und schaust in die Welt, als ob dich alles nichts angeht. Ich glaube, es liegt daran, dass du glaubst, du bist zu schwach, um irgendetwas zu tun.« Die Krähe lächelte auf den Fuchs hinab und begann langsam ihr Käsestück zu kauen. Der Fuchs änderte jetzt – fast schon verzweifelt – seine Taktik. »Vielleicht habe ich dich falsch eingeschätzt. Du bist doch schlau. Ich wette, wenn wir uns zusammentäten, könnten wir gemeinsam diesen Wald regieren. Was hältst du davon, meine Freundin?« Aber die dritte Krähe war davon unbeeindruckt und kaute weiter auf ihrem Leckerbissen herum.

Der Fuchs und die anderen Krähen schauten voller Neid zu, wie die dritte Krähe ihren Käse vollends verspeiste.

40

Ich verspreche, dir immer zu helfen, nach den Sternen zu greifen.

Als meine Eltern feststellten, dass meine Mutter mit mir schwanger war, waren sie begeistert, standen aber auch sehr unter Druck. Mein Vater absolvierte gerade seine Assistenzarztzeit, und sie hatten sehr wenig Geld. Sie waren einige Monate zuvor mit acht Dollar in der Tasche in den USA angekommen. Meine Mutter war 21, mein Vater 23. Sie rechneten aus, dass es etwa 800 Dollar kosten würde, in den USA ein Baby zur Welt zu bringen. Das war eine astronomisch hohe Summe für sie.

Meine Eltern besprachen mit ihren Freunden, wie sie das Geld für eine Entbindung im Krankenhaus aufbringen konnten. Alle boten an, sich an den Kosten zu beteiligen, aber es würde dennoch knapp werden. Schließlich hatte einer meiner Onkel eine großartige Idee. Es würde weniger kosten, ein Flugticket nach Indien zu kaufen (damals 200 Dollar), als das Baby in den USA zur Welt zu bringen. Wenn sie zusammenlegten, konnten sie bequem das Ticket für den Hinflug nach Indien bezahlen, und meine Großeltern würden dann für den Rückflug aufkommen. Mein Vater öffnete erleichtert eine Flasche Champagner, und dann stießen sie auf das freudige Ereignis an.

Mitten im Feiern brachte plötzlich ein anderer Onkel alle zum Schweigen. »Das wird nicht funktionieren«, sagte er. »Wenn das Baby in Indien geboren wird, kann es nicht für das Präsidentenamt in den USA kandidieren.« Stille herrschte, alle waren verunsichert. Meine Eltern waren betroffen, als ihnen die Konsequenzen dieser Aussage klar wurden. Wenn ihr Kind außerhalb der USA geboren wurde, konnte es nie Präsident der Vereinigten Staaten werden. Das war eine sehr ernste Angelegenheit. Für sie als Immigranten war Amerika das Land der unbegrenzten Möglichkeiten. Wie konnten sie ihrem geliebten Kind eine solche Chance nehmen?

In den darauf folgenden Tagen rangen meine Eltern und ihre Freunde um die Entscheidung über den Geburtsort des Kindes. Eines Morgens erhielt mein Vater einen Anruf von meinem Onkel, der sagte, er habe lange und gründlich darüber nachgedacht. Er wies darauf hin, dass Henry Kissinger auch nie für das Amt des Präsidenten werde kandidieren können, aber dass er trotzdem einen enormen Einfluss auf die Weltpolitik habe. Henry Kissinger werde auf der ganzen Welt bewundert.

Dieses Argument war überzeugend, und meine Eltern waren sehr erleichtert. Realistischerweise konnten sie sich eine Geburt in den USA nicht leisten. Nachdem sie all ihr Geld zusammengetragen und sich einiges von Freunden geliehen hatten, stieg meine Mutter in ein Flugzeug nach Indien.

Meine Eltern waren zwar gezwungen gewesen, ein kleines Opfer zu bringen, aber sie hielten trotzdem die Vision aufrecht, dass ihr Kind große Dinge erreichen konnte. Diese Vision nährte in mir das Vertrauen, dass ich das Potenzial hatte, alles zu erreichen, was ich wollte.

Anregung

Denken Sie einige Augenblicke darüber nach, wie Sie Ihrem Kind so viel Selbstvertrauen geben können, dass es nicht daran zweifelt, alles erreichen zu können. Denken Sie an Vorbilder und große Persönlichkeiten, die die Welt verändert haben, und nehmen Sie sich vor, Ihrem Kind ihre inspirierenden Geschichten zu erzählen.

Werte

Wie du mit dir selbst und
anderen umgehen solltest

41

Ich verspreche, dir zu zeigen, wie deine Wertvorstellungen eine Grundlage für erfolgreiches Handeln sein können.

Eine wichtige Lektion, die unsere Eltern uns früh lehrten, bestand darin, Wertvorstellungen zu entwickeln, die als Antrieb für alles andere in unserem Leben dienen konnten. Diese Wertvorstellungen wurden uns nicht vorgeschrieben, sondern wir beobachteten wie alle Kinder, wie unsere Eltern miteinander und mit anderen umgingen.

Als wir älter wurden, forderte mein Vater Gotham und mich auf, unsere Werte zu definieren. Durch diese Übung wurde unser Wertesystem ein bewusster Bestandteil unseres alltäglichen Denkens und Handelns. Als wir erwachsen wurden, beeinflussten unsere Wertvorstellungen unsere beruflichen und persönlichen Entscheidungen und unsere Beziehungen.

Jeden Morgen dachten wir während unserer Meditation darüber nach, welche wertvollen Erfahrungen wir an diesem Tag machen wollten. Das konnte Freundschaft, Liebe, Frieden, Harmonie, Lachen, Kreativität, Intuition, Entdeckungsfreude und vieles mehr sein. Wenn wir still wurden und wirklich in unser Herz hineinhörten, stellten wir immer fest, dass unsere kostbarsten Erfahrungen dadurch gekennzeichnet waren, dass wir uns dabei gut, glücklich, sicher und geliebt fühlten.

Wir nahmen uns dann einige Augenblicke Zeit, um zu überlegen, wie wir es erreichen konnten, diese Erfahrungen Realität werden zu lassen. Dabei ging es letztlich immer darum, anderen etwas zu geben, etwas mit ihnen zu teilen oder zu erschaffen. Dadurch entstand eine Dynamik, bei der wir uns mit anderen verbunden und dazu motiviert fühlten, andere so zu behandeln, wie wir behandelt werden wollten. Außerdem entstand eine Vision, die andere einbezog, die ebenso sehr Erfolg und Erfüllung suchten wie wir. Und vor allem gab es uns die Möglichkeit, unser Schicksal in die Hand zu nehmen und uns dabei auf die Erfahrungen zu konzentrieren, die uns inspirierten, unsere Kreativität förderten und jeden Tag unsere Leidenschaft neu weckten.

Als Eltern hoffen wir unseren Kindern Werte vermitteln zu können, die ihr Selbstvertrauen stärken und sie dazu anregen, anderen mit Liebe und Respekt zu begegnen. Die einfache, oben beschriebene Übung ist eine gute Möglichkeit, Kindern dabei zu helfen, in sich hineinzuhören, um zu erfahren, wobei sie sich gut fühlen, und dann aktiv nach diesen Erfahrungen zu suchen und sie mit anderen zu teilen.

Anregung

Nennen Sie zehn Werte, die Ihnen besonders wichtig sind. Versprechen Sie Ihrem Kind, dass Sie ihm diese Werte durch Ihr eigenes Vorbild vermitteln werden.

42

Ich verspreche, dir zu zeigen, dass dein Gegner sich gar nicht so sehr von dir unterscheidet.

Am 14. August 1997, dem Vorabend des 50. Jahrestags der Unabhängigkeit Indiens vom britischen Königreich, begab ich mich auf eine Pilgerreise an die Grenze zu Pakistan. Vor Tagesanbruch bestieg ich in Delhi einen überfüllten Zug nach Amritsar, einer Stadt nahe der Grenze. Wir reisten zu viert – Radhika, meine junge Cousine, Rahul Bose, ein aufstrebender indischer Schauspieler, Rajeev Sethi, ein berühmter Aktivist und Künstler, und ich. Als wir in den Zug stiegen, waren wir alle recht schweigsam und hingen unseren Gedanken darüber nach, was diese Reise für uns bedeutete.

Der 15. August 1947 war einer der bedeutendsten Augenblicke des 20. Jahrhunderts. Der indische Subkontinent war mehr als 200 Jahre lang von den Briten beherrscht worden, bis Indien den Unterdrücker durch den eisernen Willen der Masse besiegte. Durch friedliche Proteste und die Entschlossenheit, die Unterdrückung durch die Briten nicht mehr hinzunehmen, besiegten die Menschen in Südasien unter der Führung von Mahatma Gandhi einen mächtigen Herrscher. Es war eine Zeit des Triumphes, der Ehre und Stärke.

Aber für viele, darunter auch meine Familie, war es auch eine Zeit der Gewalt, der Vertreibung und großer Trauer. Meine Großeltern und ihre Geschwister lebten in Sialkot, einer Stadt im Punjab, die durch eine von den Briten und anderen Beteiligten der Friedensverhandlungen willkürlich gezogene Grenzlinie Pakistan zugeordnet worden war. Sialkot und die größtenteils muslimischen Nachbardörfer gehörten auf einmal zu einem anderen Land, und meine Familie, die dem hinduistischen Glauben angehörte, war gezwungen, ihr Zuhause zu verlassen. In einer Nacht des Aufruhrs und der Gewalt wurde der Bruder meiner Großmutter, ein angesehener Polizist, von einem muslimischen Mob, der einen anderen Mord rächen wollte, in den Kopf geschossen. Der Rest der Familie schloss sich voller Panik und aus Angst um sein eigenes Leben Millionen anderer Flüchtlinge an und zog nach Westen, um im unabhängigen Indien Schutz und Frieden zu finden. Während dieser Wochen der Befreiung starben mehr als eine Million Menschen.

Als unser Zug die Hektik Delhis hinter sich ließ, versuchte ich mir die Mischung aus Freude, Freiheitsdrang, Trauer und Verlust vorzustellen, die meine Großeltern und ihre Angehörigen vor mehr als 50 Jahren empfunden haben mussten. Ich versuchte mir auszumalen, wie ihnen zumute gewesen sein muss, als sie an den Feierlichkeiten anlässlich des Abzugs der Briten teilnahmen, während sie gleichzeitig um Angehörige, Freunde, ihr verlorenes Zuhause und ihre Wurzeln trauerten. Tatsache war, dass viele ihrer engsten Freunde Muslime waren. Sie hatten seit Generationen Seite an Seite gelebt, und es gab mehr Gemeinsamkeiten als Unterschiede zwischen ihnen.

Ich dachte darüber nach, wie die Kluft sich Generationen später noch fortsetzte. Zwei der engsten Freunde Sumants, Jaffer und Shazad, sind Pakistaner. Die drei besuchten dasselbe College in den USA und verbrachten ihre prägendsten Jahre miteinander. Sie sprachen dieselbe Sprache, teilten viele Bräuche und aßen dieselben Speisen. Jaffer und Shazad stammen zwar aus muslimischen Familien, aber ihre Lebensphilosophie, ihre Haltung gegenüber der Familie und Freunden und ihre Werte sind dieselben wie unsere. Der Erste, den Sumant anrief, als wir uns verlobten, war Jaffer. Aber als Jaffer ein Visum beantragte, um an unserer Hochzeit teilnehmen zu können, wurde er abgewiesen, weil Indien und Pakistan verfeindet sind.

In dieser Nacht im Jahr 1997 sangen, tanzten und feierten mehr als 50 000 Inder und warteten darauf, dass sich ihnen ihre Nachbarn auf der anderen Seite der Grenze anschlossen. Jeder hielt eine Kerze als Symbol unserer Hoffnung auf Frieden und Freundschaft in der Hand. Aber auf der anderen Seite tauchte niemand auf, und wir konnten unsere Enttäuschung nicht verbergen.

Am nächsten Tag erfuhren wir aus den Nachrichten, dass Tausende von Pakistanern versucht hatten, sich unserer Feier anzuschließen. Sie waren auf der anderen Seite von Grenzposten aufgehalten worden, weil man befürchtet hatte, es könne zu gewalttätigen Ausschreitungen kommen. Trotzdem – sie waren gekommen.

Unsere Reise an die Grenze stellte den ersten Schritt dar, den wir als einzelne Bürger tun konnten, um eine Brücke zu den Menschen zu bauen, von denen uns gesagt worden war, dass sie unsere Feinde seien. Wir waren zwar enttäuscht darüber, dass es kein so spektakuläres Ereignis geworden war, wie wir gehofft hatten, fanden aber ein wenig Trost darin, dass die Geste erwidert worden war.

Mir wurde klar, wie wichtig es ist, unabhängig von unmittelbaren Ergebnissen den ersten Schritt zu tun. Dieser erste Schritt kann zu tieferen und dauerhafteren Veränderungen führen.

43

Ich verspreche, dich selbstloses Mitgefühl zu lehren.

In einem kleinen Dorf lebte einmal eine Tänzerin namens Vasavadatta. Sie war die schönste und begabteste Tänzerin, die man seit Generationen gesehen hatte, und die Menschen reisten aus fernen Teilen des Landes an, um sie tanzen zu sehen. Vasavadattas erhabene und anmutige Bewegungen betörten Männer, Frauen und Kinder und ließen sie ihre Sorgen vergessen und sich glücklich und sicher fühlen. Vasavadatta erhielt von ihren zahlreichen Verehrern, die mit Gedichten und Lobgesängen um ihre Gunst wetteiferten, Schmuck und wertvolle Saris. Aber Vasavadatta wollte erst dann heiraten, wenn ihr Herz von Liebe erfüllt sein würde.

Eines Tages ging Vasavadatta die Straße entlang, als sie einen schlafenden jungen Mönch sah. Als sie sich dem Mönch näherte, sah sie, dass er der sanfteste und schönste Mann war, den sie je gesehen hatte. Sie verliebte sich sofort in ihn. Das war das Gefühl, auf das sie gewartet hatte. Atemlos und wie betäubt vor Liebe begann Vasavadatta den schönsten und verführerischsten Tanz ihres Lebens zu tanzen.

Der junge Mönch Upagupta erwachte vom Klingeln der Glöckchen an ihren Füßen und sah die schöne Vasavadatta vor seinen Augen herumwirbeln. Als er sich regte, lächelte sie ihn an und sagte: »Junger Mann, du musst nicht auf der Straße schlafen. Komm zu mir nach Hause und sei heute Nacht mein Gast. Ich werde mich um all das kümmern, was du brauchst.« Der junge Mönch erwiderte ihr Lächeln und sagte: »Nicht jetzt, aber wenn die Zeit reif ist, verspreche ich dir, dass ich kommen werde.«

Mehrere Jahre später ging ein Mönch durch dasselbe Dorf und stieß auf eine obdachlose Frau, die an einer Straßenecke schlief. Ihre Kleider waren zerrissen, ihre Augen blutunterlaufen und ihr Körper von Wunden bedeckt. Sie hustete, atmete schwer und zitterte vor Schmerz.

Der Mönch hob sie vorsichtig auf und trug sie zum Kloster. Dort reinigte er ihre Wunden, streichelte sie und gab ihr zu essen und eine Decke, um ihren zitternden Körper zu wärmen. Vom Mitgefühl dieses Fremden berührt, sah Vasavadatta zu dem Mönch auf und fragte: »Wer bist du, Barmherziger, der mit so viel Zärtlichkeit und Mitgefühl für mich sorgt?« Und Upagupta antwortete: »Ich versprach dir vor langer Zeit, dass ich kommen würde, wenn die Zeit reif wäre. Jetzt ruhe dich aus und genese. Ich bin hier.«

44

Ich verspreche, dir zu zeigen, wie schön es ist, zu lieben.

Als ich etwa zehn Jahre alt war, fanden Gotham und ich an einem Sommertag beim Spielen im Hof zwei Kätzchen. Sie waren schwarz und weiß gefleckt, hatten hübsche Gesichter, schnurrten leise und waren sehr sanfte Geschöpfe. Sie waren so winzig, dass ich beide zusammen in meinen Händen halten konnte. Bei genauerer Untersuchung stellten wir fest, dass die Kätzchen beide zerkratzt und blutig waren und sehr ängstlich zu sein schienen.

Wir baten unsere Mutter, die Kätzchen mit ins Haus nehmen zu dürfen. Sie zögerte ein wenig, weil sie nicht wusste, ob sie jemandem gehörten, ob sie krank waren und ohne Bedenken ins Haus gebracht werden konnten. Am Ende erlaubte sie uns, auf der Veranda einen Korb für die Kätzchen aufzustellen. So konnte die Katzenmutter oder der Besitzer sie finden. Wir legten ein Kissen in den Korb und setzten die Kätzchen hinein. Wir reinigten ihre Wunden und stellten ein Schälchen warmer Milch für sie bereit. Die Kätzchen leckten sie in einer Minute auf und schliefen bald tief und fest. Als Gotham und ich die Kätzchen betrachteten, beschlossen wir, sie nach zwei Brüdern aus der indischen Mythologie Love und Kush zu nennen.

Im Lauf der nächsten Woche waren wir ausschließlich mit

Love und Kush beschäftigt. Ich wachte in der Nacht auf, machte mir Sorgen um sie und schlich nach unten, um durchs Fenster nach ihnen zu sehen. Eines Abends hörte ich in den Nachrichten, dass es in der Nacht regnen sollte, und bat meine Mutter, die Kätzchen ins Haus nehmen zu dürfen. Sie erlaubte uns, sie in der Garage unterzubringen. Von Tag zu Tag wurden Love und Kush stärker, verspielter und frecher. Sie verstrickten sich gern in Garn, schlugen mit den Pfoten nach Tennisbällen und jagten unsere Hände. Im Schlaf schmiegten sie sich eng aneinander, sodass sie den warmen Körper des anderen spüren konnten.

Nach etwa einer Woche sahen meine Eltern ein, dass Love und Kush wohl wirklich verloren gegangen oder ausgesetzt worden sein mussten. Nachdem sie mit einem Tierheim gesprochen hatte, teilte uns meine Mutter mit, dass wir die Kätzchen dort abliefern mussten, um sicherzugehen, dass sie keine ansteckende Krankheit hatten. Wir flehten sie an, sie uns noch eine Weile zu lassen, aber sie war nicht umzustimmen und erklärte uns, dass die Kätzchen uns nicht gehörten und professionelle Pflege brauchten. Wir waren niedergeschmettert, und ich schlief in der Nacht, bevor sie abgegeben werden sollten, nicht.

Am nächsten Tag trugen wir Love und Kush in ihrem sorgfältig ausgestatteten Korb zum Tierheim. Mit Tränen in den Augen erklärte ich dem Mitarbeiter des Tierheims, wie sie ihre Milch am liebsten tranken und wo sie auf dem Kissen schliefen. Als wir nach Hause fuhren, weinte ich lange.

Gotham und ich waren so deprimiert und wütend auf unsere Eltern und konnten nicht verstehen, welche Risiken damit verbunden waren, verlassene Kätzchen in unserem Haus aufzunehmen. Ich dachte, dass ich ihnen nie würde verzeihen können, bis zwei Tage später ein Anruf aus dem Tierheim kam. Wir erfuhren, dass sie die Besitzer von Love und Kush gefunden hatten, die sehr dankbar für all das waren, was wir für die Kätzchen getan hatten. Ich hatte gehofft, dass wir die Kätzchen würden offiziell adoptieren können, und schloss mich in meinem Zimmer ein und weinte.

Später am Abend klopften meine Eltern an meine Tür. Sie riefen Gotham, der mit seinen sieben Jahren in derselben Stimmung war wie ich, und machten uns einen Vorschlag. Sie hatten gesehen, wie sehr wir uns um Love und Kush gekümmert hatten, und waren von unserer verantwortungsvollen und fürsorglichen Haltung beeindruckt. Wir konnten Love und Kush nicht mehr haben, aber was hielten wir davon, einen kleinen Hund zu bekommen? Ich traute meinen Ohren nicht und weinte jetzt aus einem anderen Grund. Es waren Tränen der Freude und Liebe zu meinen Eltern – schon konnte ich mir das kleine Fellknäuel vorstellen, das unser Hund Nicholas sein würde.

Ich ging zu Bett und dankte Love und Kush für das wunderbare Geschenk, das sie uns machten. Sie hatten unser Herz geöffnet, und ihretwegen würden wir jetzt den kleinen Hund bekommen, von dem wir immer geträumt hatten.

45

Ich verspreche, dich an die Bedeutung der Demut zu erinnern.

»Beweg dich!«

Hanuman, der Affengott, drehte sich um, um zu sehen, wer ihn so grob ansprach.

Ein großer Mann mit breiten Schultern stand vor ihm, die Hände in die Hüften gestützt. »Na, was ist!«, sagte er. Hanuman lachte. Es war Bhima, der stärkste Mann der Welt. Er nutzte seine Stärke, um den Bedürftigen zu helfen, und hatte kurz zuvor ein mit einem Fluch belegtes Dorf von einem bösen Dämon befreit. Der Dämon hatte die Menschen jahrelang in Angst und Schrecken versetzt, und keiner hatte ihn besiegen können – außer Bhima. Hanuman lachte erneut und wandte Bhima den Rücken zu.

»Lach nicht über mich, dummer Affe. Geh mir aus dem Weg«, schimpfte Bhima. Er konnte nicht glauben, wie dreist dieser Affe war. Die meisten Menschen gingen ihm nicht nur aus dem Weg, wenn sie ihn kommen sahen, sondern verbeugten sich sogar vor ihm. Hanuman wiederum konnte nicht glauben, wie dumm Bhima war. *Er hat keine Ahnung, wer ich bin,* dachte er.

Und damit hatte er Recht. Bhima wusste nicht, dass der Affe der große Hanuman war. Hanuman war einer der angesehensten Götter auf der Erde und im Himmel. Er war auch als einer der freundlichsten Götter bekannt.

Es ist schön, dass die Menschen mich mögen, dachte Hanuman, *aber warum mögen sie sich nicht gegenseitig?* Hanuman hatte lange genug mit angesehen, wie die Menschen rücksichtslos miteinander umgingen. Bhima war der Tropfen, der das Fass zum Überlaufen brachte. *Nun,* dachte Hanuman, *es ist an der Zeit, ihm eine Lektion zu erteilen.*

»Hast du mich gehört, oder bist du taub? Ich sagte, beweg dich!«, brüllte Bhima. Nachdem Bhima Hanuman zum vierten Mal aufgefordert hatte, ihm aus dem Weg zu gehen, drehte Hanuman sich um und sagte: »Siehst du denn nicht, dass ich schwach bin? Meine Knochen schmerzen, wenn ich mich zu bewegen versuche. Aber du bist stark. Warum trägst du mich nicht zur Seite?« Bhima verdrehte die Augen und antwortete: »Geh mir einfach aus dem Weg, du fauler Taugenichts von einem Affen!«

Er beugte sich zornig herab, um den Affen an seinem Schwanz beiseite zu schleudern. Zu seiner Überraschung bewegte sich der Schwanz nicht. So sehr Bhima auch zog, schob und trat, es gelang ihm nicht, den Affen aus dem Weg zu räumen. Innerhalb von Minuten war Bhima in Schweiß gebadet, und so sehr er sich auch abmühte – er konnte den Affen keinen Millimeter verschieben. Schließlich musste er sich geschlagen geben. Resigniert und am Ende seiner Kräfte erkannte Bhima, wie ungehörig sein Benehmen gewesen war, und dass er die Stärke des Affen unterschätzt hatte.

Der Affe lächelte, stand auf und gab den Eingang frei. In diesem Augenblick sah Bhima Hanuman in seiner wahren, göttlichen Form, als großen, starken Affengott. Er erkannte, dass Hanuman ihm eine Lektion erteilt hatte. Von Demut erfüllt verbeugte sich Bhima vor dem Affengott und entschuldigte sich, bevor er die Höhle betrat. Er versprach, niemals mehr ein anderes Geschöpf ohne den Respekt zu behandeln, mit dem er einem Gott begegnete.

Anregung

Welches sind die wichtigsten Eigenschaften, die Sie sich bei Ihrem Kind erhoffen? Weshalb sind sie Ihnen wichtig?

46

Ich verspreche, dir zu vermitteln, dass Freundschaft etwas Heiliges ist.

Bhara Papa, Sumants Großvater, war sehr eng mit seinem Vermieter befreundet. Die beiden Männer hatten etwa um dieselbe Zeit geheiratet, ihre Frauen waren wie Schwestern, und ihre Kinder wuchsen zusammen auf. Jeden Nachmittag pflegten die beiden Freunde beim Tee zusammenzusitzen, um sich über den Tag, ihre Familien und den Zustand der Welt zu unterhalten. Sumants Mutter und ihre Geschwister sprachen den Vermieter so an, wie sie den echten Bruder ihres Vaters ansprachen.

Die Gesetze in Bezug auf Land- und Immobilieneigentum änderten sich in Indien viele Male und es ergab sich eine Meinungsverschiedenheit darüber, wie viel Miete Sumants Großvater seinem Freund schuldete. Sein Freund ließ diese Sache über Jahre anstehen, weil ihm die Beziehung zu Bhara Papa wichtiger war als ein wenig zusätzliches Geld. Aber eines Tages warfen die Söhne des Vermieters ihm vor, dass er sich um einen ansehnlichen Betrag betrügen lasse. Ohne ihrem Vater etwas davon zu sagen, hatten sie Bhara Papa auf Zahlung einer höheren Miete verklagt. Der Vermieter war von dieser Nachricht niedergeschmettert, wollte sich aber auch nicht gegen seine Söhne wenden.

So begann ein jahrelanges Gerichtsverfahren zur Ermittlung der Miethöhe. Und so endeten Jahre einer kostbaren Freundschaft, die für das Leben der beiden Männer eine wichtige Rolle gespielt hatte. Das Gerichtsverfahren und die Art, wie es geführt wurde, machte Bhara Papa wütend, und der Vermieter wollte seine Söhne nicht in einem schlechten Licht erscheinen lassen. Die beiden Männer saßen nachmittags nicht mehr beim Tee zusammen und begannen, ein getrenntes Leben zu führen. Sie vermieden es, sich im Hauseingang zu begegnen, und verboten ihren Frauen, einander zu sehen.

Als Sumants Mutter heiratete, wurde der Vermieter mit seiner Familie tragischerweise nicht eingeladen. Das war wirklich traurig, da die Frau des Vermieters Sumants Mutter fast wie eines ihrer eigenen Kinder hatte aufwachsen sehen. Die Frau des Vermieters stand mit Tränen in den Augen hinter einem Balken versteckt, als Sumants Mutter das Haus verließ, um zu ihrer Hochzeit zu gehen. Sie bat einen Diener, Sumants Großmutter anonym ein Päckchen mit einem Geschenk für Sumants Mutter zu übergeben. Als Sumants Mutter das Päckchen öffnete, fand sie darin eines der wertvollsten Schmuckstücke ihrer Freundin.

Die beiden Männer gingen noch jahrelang wöchentlich zum Gericht und kämpften sich durch das bürokratische System, um den Fall endlich abzuschließen. Sie sahen sich verlegen an und hätten einander gern gefragt, wie es dem anderen ging, unterließen es aber, um nicht das Gesicht zu verlieren.

Eines Nachmittags schließlich, als Bhara Papa in sein Auto gestiegen war, um zum Gericht zu fahren, klopfte sein

Vermieter an das Autofenster. Als Bhara Papa die Scheibe herunterkurbelte, legte der Vermieter als Zeichen des Respekts die Hände zusammen und sagte: »Ich habe mich gefragt, ob du mich wohl zum Gericht mitnehmen könntest. Es ist doch eine Benzinverschwendung, wenn wir beide mit dem Auto hinfahren.« Bhara Papa nickte und sagte ihm, dass er einsteigen solle. Sie fuhren schweigend zum Gericht, aber die erste Hürde war überwunden.

Und so nahm eine neue Tradition ihren Anfang – die Tradition, allwöchentlich zusammen zum Gericht zu fahren, um dort gegeneinander zu kämpfen. Allmählich begannen sie wieder miteinander zu sprechen, Neuigkeiten auszutauschen und sich Geschichten von ihren Kindern und anderen Ereignissen des Tages zu erzählen.

Bald freuten sich beide auf die wöchentliche Fahrt zum Gericht und fuhren jedes Mal ein wenig früher zu Hause weg, damit sie mehr Zeit zum Reden hatten.

47

Ich verspreche, immer die Freude am Spiel mit dir zu bewahren.

Während Gotham und ich älter und reifer wurden, vollzogen unsere Eltern ihre eigene Verwandlung. Sie wurden in vielerlei Hinsicht weniger ernst, sorgloser und sicherer in Bezug auf ihren Platz in der Welt.

Die Belastung als Immigranten, die sich ihren Platz erkämpfen mussten, die schlaflosen Nächte meines Vaters als junger Assistenzarzt, die Einsamkeit meiner Mutter, die zwei Kinder praktisch allein aufzog, weil mein Vater ständig arbeitete, und unsere finanziellen Probleme – all das wurde im Laufe der Jahre einfacher. Harte Arbeit, Ausdauer und ein wachsender Kreis von Freunden und Angehörigen gaben meinen Eltern ein Gefühl der Sicherheit, durch das sie sich als Individuen besser entfalten konnten. Ihre spirituelle Reise, die mit Meditation begann und in die Karriere meines Vaters als Autor, Redner und weltweit bekannter spiritueller Lehrer mündete, leitete ebenfalls eine glücklichere neue Phase für sie ein.

In vielerlei Hinsicht hatten Gotham und ich in diesen späteren Jahren eine freundschaftliche Beziehung zu unserem Vater, als er weniger gestresst, zufriedener und entspannter war. Wir stellten sogar oft fest, dass er derjenige war, der spielerischer an Dinge heranging, uns zum Lachen brachte oder dazu anregte, etwas Neues auszuprobieren. Wenn wir mit ihm zusammen waren, ging es meist um ein neues Spiel oder Abenteuer.

Woran ich mich am liebsten aus meiner Teenagerzeit erinnere, sind Skiausflüge mit meiner Familie. Gotham, mein Vater und ich nahmen zusammen Skiunterricht und fuhren dann um die Wette den Berg hinunter. Dann trafen wir uns mit meiner Mutter zum Mittagessen und prahlten damit, wer von uns der Beste sei. Natürlich war mein Vater immer besonders darauf aus, ihr zu imponieren, und seine Aufschneidereien brachten uns zum Lachen, bis wir keine Luft mehr bekamen.

Eines Nachmittags standen wir in der Schlange am Skilift. Wie es so üblich ist, riefen Leute: »Sind Sie allein?«, um einen Partner für die Fahrt nach oben zu finden. Mein Vater antwortete ganz ernst: »Nein. Seit mehr als 15 Jahren glücklich verheiratet. Das sind meine Kinder!« Zu dieser Zeit hatten Gotham und ich uns daran gewöhnt, über unseren Vater zu lachen, statt uns durch ihn in Verlegenheit bringen zu lassen, und wir genossen es, die Reaktion der Skifahrer zu beobachten.

Als wir auf dem Berg ankamen, verabredeten wir, ein Wettrennen zu machen. Wir fuhren alle los, und ich verlor Papa und Gotham bald aus den Augen, konzentrierte mich ganz auf den Hang vor mir. Als ich unten eintraf, war Gotham schon da, aber mein Vater war nirgends zu entdecken. Also warteten wir und überlegten uns schon, wie wir ihn necken würden. Wir warteten sehr lange.

Nach etwa einer halben Stunde kam auch mein Vater am Fuß der Piste an. Er war vollkommen mit Schnee bedeckt.

Gotham und ich fragten sofort, ob er gestürzt sei, und er antwortete sofort: »Nein, niemals!« Dann berichtete er von einem Mann, der auf der Piste schwer gestürzt sei und möglicherweise ein Bein gebrochen habe. Mein Vater habe anhalten und ihm helfen müssen, bis die Bergwacht kam. Er sagte, wir sollten ihn als Held feiern, statt uns über ihn lustig zu machen, und forderte uns zu einem weiteren Wettrennen heraus. Gotham und ich sahen uns zweifelnd an, aber unser Vater behielt seinen ernsten Gesichtsausdruck bei, sodass wir ihm zu glauben begannen.

Als wir wieder am Skilift für die Fahrt nach oben anstanden, trat ein junger Mann zu unserem Vater und sagte: »Mann, das war ja ein schwerer Sturz, den Sie da oben hatten. Ein Wunder, dass sie sich kein Bein gebrochen haben. Ist alles in Ordnung?« Unser Vater antwortete etwas verlegen, dass es ihm gut gehe. Dann wandte er sich zu Gotham um und sagte augenzwinkernd: »Er muss mich mit dem anderen verwechselt haben. Der hatte eine ähnliche Jacke.«

Gotham und ich fingen an zu lachen, aber mein Vater hielt an seiner Geschichte fest. Als wir unser nächstes Wettrennen begannen, mussten wir über den entschlossenen Gesichtsausdruck unseres Vaters so sehr lachen, dass wir uns nicht auf die Abfahrt konzentrieren konnten, und Papa gewann.

48

Ich verspreche, dir zu zeigen, was du mit Entschlossenheit erreichen kannst.

In Indien wird das neue Jahr, Diwali, im ganzen Land mit Lichtern, Spielen und Feierlichkeiten begangen. Diwali ist eine Zeit, in der wir der Göttin Lakshmi huldigen, die denen, die sie anbeten, Glück bringt.

An Diwali zünden wir in unseren Häusern und um sie herum Kerzen und Lampen an, um Lakshmi zu zeigen, dass wir in dieser Nacht an sie denken. Der Legende nach besucht sie diese Häuser und segnet die Familien.

Es gibt eine Geschichte über einen reichen Mann, der am Diwali-Fest das größte Schauspiel inszenieren wollte, das die Welt je gesehen hatte. Er wollte damit seinen Reichtum demonstrieren, mit seinem Erfolg prahlen und anderen zeigen, dass sie es niemals mit ihm aufnehmen konnten, wenn es darum ging, Lakshmis Zuneigung zu gewinnen. Der Mann ließ spezielle Lampen aus der ganzen Welt kommen und inszenierte ein Feuerwerk, das den Himmel erhellte. Das ganze Dorf kam, um das Schauspiel zu bewundern, und sicherlich gab es viele in der Menge, die ihm seinen Reichtum neideten. Sie zweifelten nicht daran, dass Lakshmi diesen Mann lieben musste, der ihr zu Ehren ein solches Fest veranstaltete.

Der Mann hatte eine Dienerin, die in der Gasse hinter seinem Haus wohnte. Diese Frau hatte einen Sohn, der krank war, und sie mühte sich jeden Tag ab, um ihn ernähren zu können. Ihr Herr behandelte sie und seine anderen Diener schlecht. Er zahlte sehr geringe Löhne, weil er wusste, dass sie in ihrer Verzweiflung alles akzeptierten, was sie bekommen konnten. Obwohl er einer der reichsten Männer der Welt war, gab er der Dienerin kein zusätzliches Geld, damit sie Medikamente für ihr krankes Kind kaufen konnte.

Die Frau wollte Lakshmi in dieser Nacht ebenfalls ihre Ergebenheit demonstrieren, aber sie konnte es sich nicht leisten, Lichter zu kaufen. Sie sah die Lichter im Palast ihres Herrn leuchten und das Feuerwerk den Himmel erhellen. Aber sie ließ sich nicht von ihrem Ziel abbringen. Während sie das Abendessen ihres Sohnes zubereitete, wurde ihr klar, dass ihr Ölvorrat nur noch für eine Portion Essen für sich selbst oder eine Kerze ausreichte. Ohne zu zögern, kochte sie etwas für ihren Sohn und behielt einen Rest Öl zurück. Sie fand etwas Wachs und stellte eine ganz einfache Kerze her.

Als der reiche Mann in dieser Nacht das größte Schauspiel darbot, das die Welt je gesehen hatte, stellte die Frau die kleine Kerze in ihr Fenster. Sie sagte leise ihre Gebete und ging schlafen.

Am nächsten Morgen sprang der reiche Mann aus dem Bett und fand Stapel von Zeitungen mit Berichten über seine Party vor. Er fand aber auch einen Stapel Rechnungen, die bezahlt werden mussten. In der Gasse jedoch fand die Dienerin beim Erwachen ein echtes Geschenk der Götter.

Ihr Sohn sprang gesund und voller Energie aus dem Bett. Wie durch ein Wunder ging es ihm besser. Als er sich an diesem Tag zum Markt begab, wurde er von einem Geschäftsmann angesprochen, der einen Lehrling suchte. Der Geschäftsmann bot dem jungen Mann Arbeit an. Jetzt mussten die Frau und ihr Sohn nicht mehr leiden. Lakshmi hatte ihre Familie für ihre Demut, Hingabe und Reinheit belohnt.

49

Ich verspreche, dich zu lehren, dass die menschliche Würde unantastbar ist.

Nachdem Sumant und ich geheiratet hatten, lebten wir einige Jahre in Indien. Ich hatte Indien zwar während meiner Kindheit fast jedes Jahr besucht, aber dort zu leben, war eine ganz neue Erfahrung für mich und manchmal auch recht schwierig.

Indien ist einer der farbigsten, spirituellsten, dynamischsten und lebendigsten Orte der Welt, aber Städte wie Neu-Delhi sind auch sehr verschmutzt, korrupt, überbevölkert und frustrierend. In Indien scheinen die Uhren langsamer zu gehen, der Raum wird auf andere Weise wahrgenommen und die Eile, die wir im Westen oft haben, ist so gedämpft, dass es für einen Ausländer unerträglich sein kann.

Nach einem besonders frustrierenden Tag aßen Sumant und ich mit Onkel Prem, dem Bruder meiner Großmutter, und seiner Frau Sonia zu Abend. Wir bezeichnen Onkel Prem oft als das Oberhaupt der Familie, da er als eines der ältesten Mitglieder der Familie meiner Großmutter auch eines der weisesten ist. Er gehört zu den erfolgreicheren Geschäftsleuten seiner Generation, und er und Tante Sonia standen in unserer Familie immer für Stil, Klasse und hohe Ansprüche.

Bei diesem Abendessen beklagten Sumant und ich uns über Indien – den unerträglichen Verkehr, den Gestank des Mülls, der sich vor unserem Haus auftürmte, die Mühe, die es kostete, ein einfaches Dokument zu beschaffen, und die Angst vor Kriminalität, die in letzter Zeit in unserer Wohngegend überhand genommen hatte. Ich war so frustriert, dass ich meinen Onkel plötzlich fragte, ob die Zustände in Indien jetzt besser seien als in den Zeiten der Besetzung durch die Briten und ob es dem Land nicht vielleicht besser ginge, wenn es *keine* Demokratie wäre. Sobald ich diese Worte ausgesprochen hatte, merkte ich, dass ich bei Onkel Prem einen wunden Punkt getroffen hatte. Bevor er antwortete, schwieg er eine unerträglich lange Minute.

Schließlich sagte er langsam und mit Nachdruck: »Ich bin sehr stolz darauf, Inder zu sein, und wir haben als Land vieles erreicht, auf das man stolz sein kann. Ihr Jungen haltet die Freiheit für etwas Selbstverständliches. Als Land kennen wir jetzt Freiheit. Wir nehmen unser Schicksal selbst in die Hand und können die Verantwortung für unsere Erfolge und Niederlagen übernehmen. Es gab eine Zeit, in der uns diese Grundrechte genommen waren – in der uns ein Weißer anspucken konnte, wenn ihm danach zumute war, in der wir die Erlaubnis dafür einholen mussten, unsere heiligen Orte zu betreten. Ich nehme die Frustrationen, von denen du sprichst, mit Stolz zur Kenntnis und weiß, dass es jetzt in unserer Macht steht, daran zu arbeiten.«

Onkel Prem sprach weiter über die Unterdrückung, die seine Generation und die Generationen vor ihm durch die Briten hatten erleiden müssen, und die Verletzungen, die ihnen dadurch zugefügt worden waren.

Dann erinnerte er uns daran, wie Mahatma Gandhi Menschen gestärkt hatte, indem er ihren Herzen Nahrung gab, indem er ihnen Selbstachtung und Selbstvertrauen schenkte. Er hatte sie daran erinnert, dass sie niemandem unterlegen waren, und ihnen einen Traum in Bezug auf das gegeben, was sie erreichen konnten. Indien hatte dem Rest der Welt gezeigt, dass friedlicher Protest eine Möglichkeit war, einen tief greifenden Wandel herbeizuführen. Wenn man einer Generation angehört, die nicht mit Unterdrückung der Menschenrechte konfrontiert ist, kann man leicht vergessen, welche Kämpfe die Generationen vor uns austragen mussten, um unsere Freiheit zu erringen. Onkel Prem hatte mich daran erinnert, dass mein Wunsch, eine bessere Welt für meine Kinder zu schaffen, der nächste Akt in einem Stück war, das schon seit Generationen gespielt wurde.

50

Ich verspreche, daran zu denken, dass deine Leidenschaften ebenso wichtig sind wie meine.

Die Achtziger in Boston waren eine großartige Zeit, wenn man Celtics-Fan war. Es war ein Jahrzehnt, in dem die Boston Celtics und die Los Angeles Lakers den amerikanischen Basketball dominierten und in dem die Rivalität zwischen Magic Johnson und Larry Bird ein hohes Identifikationspotenzial hatte.

In vielerlei Hinsicht lieferte der Wettstreit zwischen den Celtics und den Lakers in unserer Familie den Kontext für Feierlichkeiten und Verbundenheit. Mein Vater, meine Mutter und ich waren zwar nicht sehr an Sport interessiert, aber die Leidenschaft meines Bruders für die Celtics war so groß, dass unser Zuhause eine Celtics-Aura zu haben schien. Gotham hatte das Glück, unter unseren Cousins und Onkeln ein bereitwilliges Publikum für seine Begeisterung zu finden. Gotham konnte stundenlang mit anderen Familienmitgliedern über Punktestände, Spielertransfers sowie vergangene und zukünftige Spiele diskutieren. Unser Haus wurde auch zu einem Ort, an dem Freunde und Verwandte zusammenkamen, um Spiele im Fernsehen anzuschauen.

Meine Erinnerung an meine Kindheit in Boston ist eng verbunden mit Celtics-Spielen im Fernsehen, die wir im Familienkreis sahen. Irgendwann begann ich mich auf die Fernsehübertragungen zu freuen, weil ich gutes Essen, viel Gelächter und unterhaltsame Nachmittage mit Cousins, Freunden, Tanten und Onkeln erwarten konnte. Sensibel und achtsam wie meine Mutter war, erkannte sie schon früh, dass Sport eine von Gothams wahren Leidenschaften war. Deshalb bemühte sie sich, die verschiedenen Spiele zu verstehen, die Spieler zu kennen und sein Bedürfnis, sich mit anderen über kleinste Details auszutauschen, zu unterstützen.

Für meinen Vater war Gothams Sportbesessenheit jedoch schwer nachvollziehbar. Ich erinnere mich an einen Tag, an dem wir in einem beliebten Bostoner Restaurant essen gingen und die gesamte Mannschaft der Philadelphia 76er an den Nachbartischen versammelt war. Gotham war so überwältigt, dass er kein Wort herausbekam, während er zusah, wie seine Helden Muscheln und Fisch aßen. Meinen Vater beunruhigte es, dass Gotham einen Mann, der einen Ball durch einen Ring werfen konnte, mehr bewunderte als einen Schriftsteller, einen Arzt oder einen politischen Aktivisten, der das Leben von Menschen auf der ganzen Welt veränderte. Sport hatte im Leben meines Vaters keinerlei Bedeutung. Seine Leidenschaft waren Bücher, Medizin und Spiritualität. Er konnte einfach nicht verstehen, weshalb Gotham so fasziniert von diesen Sportlern war.

1987 spielten Bird und Magic im Finale der Basketballliga. Der Wettbewerb bot all die Dramatik und Aufregung, die die Bostoner Fans sich wünschen konnten, aber letztlich verlor Boston gegen die Lakers in Spiel sieben durch einen Schuss von Magic in den letzten Sekunden. Gotham und meine Cousins waren am Boden zerstört, und die Familienzusammenkunft in unserem Haus wurde sofort von drückendem Schweigen und Niedergeschlagenheit überschattet.

Mein Vater, der in einem anderen Zimmer gelesen hatte, trat in die düstere Atmosphäre und erkannte, dass etwas Dramatisches passiert sein musste. Als mein Onkel ihn aufklärte, antwortete mein Vater: »Aber das ist unmöglich. Letzte Nacht habe ich meine Energie darauf konzentriert und visualisiert, dass Magic Johnson in den letzten Sekunden des Spiels drei Punkte machen wird. Die Celtics konnten nicht verlieren.« Wir sahen ihn alle schockiert an und wussten nicht, ob wir darauf reagieren sollten, dass seine Visualisierung mehr oder weniger Realität geworden war, oder darauf, dass er dachte, Magic Johnson gehöre zu den Celtics.

Gotham brach sofort in Tränen aus und rannte aus dem Haus.

Es dauerte Wochen, bis Gotham mit unserem Vater sprechen konnte, ohne an das Unglück zu denken, das er über Gotham, die Stadt Boston und Celtic-Fans auf der ganzen Welt gebracht hatte. Erst als unser Vater eines Abends mit einem von Larry Bird signierten Basketball aus der Klinik kam, begann Gotham einzulenken. Im nächsten Jahr gingen unser Vater und Gotham zusammen zu einem Spiel der Celtics. Vater war immer noch nicht wirklich am Spiel interessiert, aber er bemühte sich zumindest eine Zeit lang

Interesse vorzutäuschen. Er erkannte, dass es wichtiger ist, eine Bindung zu seinem Kind aufzubauen, als es zu verurteilen.

Anregung

Nehmen Sie sich vor, Wege zu finden, eine Bindung zu Ihrem Kind herzustellen. Nehmen Sie sich vor, für neue Arten der Gemeinsamkeit offen zu bleiben und Ihrem Kind dabei die Führung zu überlassen.

Lektionen

Lebenserfahrung,
die ich mit dir teilen möchte

51

Ich verspreche, dir die Fähigkeit des Zuhörens zu vermitteln.

Als Eltern entwickeln wir eine ausgeprägte Fähigkeit, unseren Kindern zu sagen, was sie tun oder lassen sollen. Außerdem wollen wir sie lehren, ihre Gedanken auszudrücken. Aber ebenso wichtig ist es, ihnen die Bedeutung des Zuhörens nahe zu bringen. Mit der folgenden Legende aus Indien lässt sich diese Lektion auf unterhaltsame Weise vermitteln.

Eine alte Frau fastete und betete am Geburtstag des Sonnengottes und badete im heiligen Wasser. Es war ein herrlicher Tag, und sie ging dorthin, wo die Menschenmenge die jährliche Parade des goldenen Sonnenwagens bejubelte. Um das Ritual abzuschließen, musste sie jemandem die Geschichte der Sonne erzählen und ihm den geweihten Reis anbieten, den sie im Tempel erhalten hatte.

Zuerst ging die alte Frau zu ihren Söhnen, weil es ihr größter Wunsch war, dass sie an diesem heiligen Tag gesegnet werden sollten. Aber ihre Söhne hatten es eilig. Sie mussten sich vor Gericht einfinden, wo irgendeine Eigentumssache verhandelt wurde. Sie verließen das Haus, bevor die alte Frau auch nur um ihre Aufmerksamkeit bitten konnte. Dann wandte sie sich an ihre Enkelin und deren

Freundin, aber die Mädchen waren in das Spiel mit ihren Puppen vertieft und wollten ihre Geschichte nicht hören. Als die alte Frau ihre Schwiegertochter aufsuchte, war diese damit beschäftigt, ihr Baby zu baden, das anschließend gefüttert werden musste. Sie sagte der alten Frau, dass sie jetzt keine Zeit für sie habe. Die alte Frau traf dann eine Gruppe schwatzender Freundinnen, die auf dem Heimweg vom Fluss waren, wo sie Kleider gewaschen hatten. Sie waren an der Geschichte nicht interessiert, sondern wollten erfahren, wer an der Parade teilgenommen hatte. Frustriert ging die alte Frau zu einem Jungen, der gerade eine Ausbildung zum Priester durchlief. Aber der Junge war so in seine Bücher vertieft, dass auch er ihre Geschichte nicht hören wollte. Keiner der Menschen, an die sie sich wandte, wollte ihr zuhören. Aber die Frau gab nicht auf, da sie sehr viel Liebe und Ergebenheit für die Sonne empfand.

Schließlich stieß sie auf eine arme, schwangere Frau, die ein paar Blumen zu verkaufen versuchte, aber kein Glück hatte. Da sie nichts anderes zu tun hatte, willigte die Blumenfrau ein, sich die Geschichte anzuhören, aber gerade als die alte Frau zu erzählen begann, schlief die Blumenfrau ein. Da sich der Tag dem Ende zuneigte, beschloss die alte Frau zu warten, bis die Blumenfrau erwachte. Sie setzte sich auf eine Bank in der Nähe.

Während sie wartete, hörte die alte Frau plötzlich eine Stimme aus dem Leib der Blumenfrau. Sie hörte erstaunt zu, als das Kind aus dem Leib heraus sprach: »Alte Frau, ich würde deine Geschichte sehr gern hören. Vielleicht könntest du den Reis auf den Bauch meiner Mutter legen und mir von der herrlichen Sonne erzählen?« Und das tat die alte Frau. Sie segnete das Kind und sagte ihm, dass ihm das Glück immer treu sein werde.

Als die alte Frau nach Hause kam, erfuhr sie zu ihrer Überraschung, dass all denjenigen, die sie während des Tages abgewiesen hatten, ein Unglück widerfahren war. Ihre Söhne hatten vor Gericht verloren, die Puppe ihrer Enkelin war zerbrochen, ihre Schwiegertochter war krank geworden, alle ihre Freundinnen hatten sich mit ihren Ehemännern gestritten und der junge Priester war von seinen Lehrern getadelt worden.

Einige Monate später war die alte Frau gerade zu Hause, als die Blumenfrau sie mit ihrer neugeborenen Tochter besuchen kam. Das Kind war außergewöhnlich schön und sein Lächeln erhellte die Welt. Seine Mutter erzählte, dass ihr Geschäft seit der Geburt ihrer Tochter floriere und dass sie aufgrund dieses Erfolgs näher an den Palast ziehen könne, um dort einen eigenen Blumenstand zu eröffnen. An diesem Blumenstand hielt sich das Mädchen Jahre später auf, als ein gut aussehender Prinz vorbeikam und sich sofort in sie verliebte. Als seine Partnerin wurde sie zur meistbewunderten Königin im Reich, schenkte vielen Kindern das Leben und brachte allen Menschen im Land Wohlstand und Glück.

Anregung

Beginnen Sie ein Tagebuch mit Ihren Lieblingsmärchen und -legenden, die Sie später einmal mit Ihrem Kind teilen können.

52

Ich verspreche, dich zu lehren, dass man nie zu alt ist, um voller Leidenschaft am Leben teilzunehmen.

Sumant hatte mir viel von seinem Großvater, Dadaji, erzählt. Er war in den Zwanzigerjahren in eine sehr wohlhabende Familie hineingeboren worden. Sein Vater, Sumants Urgroßvater, war einer der erfolgreichsten Geschäftsleute im Nordwesten Indiens. Er besaß eine Wollfabrik und war in Kolonialindien als einheimischer Unternehmer anerkannt. Später erzählte mir mein Schwiegervater von den Briefen, die Sumants Urgroßvater von Mahatma Gandhi, Rabindranath Tagore und Pundit Nehru erhalten hatte, in denen sie seine Erfolge gewürdigt hatten. Mit 15 Jahren besaß Dadaji ein Auto, was in den Dreißigerjahren in Indien sicherlich eine Seltenheit war. Aber Dadaji war in erster Linie in seine Bücher, Philosophie und sein Studium vertieft. Wenn ihn etwas interessierte, verfolgte er die Sache mit ganzem Herzen. Dadaji begriff sehr schnell, und wenn ihm etwas gefiel, war er der Beste darin. Wenn ihn ein Fachgebiet oder eine Aktivität nicht interessierte, verwendete er keine Zeit oder Aufmerksamkeit darauf. In dieser Hinsicht ist Sumant genau wie er.

Obwohl ich von allen seinen Bewunderern Geschichten über Dadaji hörte, lernte ich ihn erst persönlich kennen, als ich schon drei Jahre verheiratet war. Sumant und ich hielten uns in Bombay auf, und Dadaji ging früher von seiner Arbeit weg, um den Nachmittag mit uns zu verbringen. Mit 83 ging er immer noch jeden Tag ins Büro, obwohl er ein Jahr zuvor das Autofahren hatte aufgeben müssen. Er weigerte sich, auch nur einen Arbeitstag zu versäumen, weil er sich weigerte, alt zu werden.

Wir bestellten Tee und Dadaji fragte Sumant und mich, was wir von unserem Studium hielten und wie unsere Zukunftspläne aussähen. Er fand es großartig, dass wir zusammen ein Zweitstudium absolvierten und riet uns, jeden Augenblick davon zu genießen. Er stellte intelligente Fragen dazu, was wir lernten, und wollte mehr und mehr Details erfahren. Dann erinnerte uns Dadaji daran, wie sich die Welt innerhalb seiner Lebensspanne verändert hatte. Während seiner Kindheit hatte es keine Telefone gegeben. Nachrichten mussten zu Wasser und zu Land geschickt werden. Die Reise von seiner Heimatstadt Ludhiana nach Delhi nahm früher so viel Zeit in Anspruch wie heute die Reise von Delhi nach New York. Es fiel uns schwer, uns vorzustellen, wie es gewesen sein mochte, mitzuerleben, wie sich die Welt so sehr veränderte und beschleunigte.

Umso mehr erstaunte es uns, als Dadaji uns nach unserer Meinung zum Internet und zum Aktienmarkt fragte und einen Crash vorhersagte, der bald die Wirtschaft erschüttern würde. Während viele seiner Zeitgenossen oder sogar Jüngere glaubten, dass sie die neuen Technologien nicht verstehen oder nutzen könnten, besaß Dadaji ein E-Mail-Konto und surfte jeden Tag im Internet. Er hatte sich eingehend mit neuen Technologien beschäftigt. Dadaji erklärte uns, dass er sich wünsche, zehn Jahre jünger zu sein, damit er ein neues Unternehmen gründen könne. Am Ende der Unterhaltung waren wir vollkommen überwältigt von seiner Kenntnis der neuesten Trends und Ideen. Ich nahm mir vor, dass Sumant und ich im Alter ebenfalls auf dem Laufenden bleiben, keine Angst vor neuen Denkweisen haben und einen Einfluss in der Welt ausüben würden.

Als wir nach Hause kamen, hatte Dadiji, Sumants Großmutter, Sumants Lieblingsspeisen gekocht und wir tafelten mit Genuss. Dadaji und Dadiji lachten mit uns und erzählten uns Geschichten aus der Zeit, als sie sich kennen gelernt und ineinander verliebt hatten. Sie hatten ein Jahr zuvor, nach 60 Jahren Ehe, ihr Gelübde erneuert. Nach der Zeremonie hatte Dadaji meinen Schwiegervater gefragt, welches Hotel er für sie gebucht habe, damit sie wie jedes junge, frischverheiratete Paar feiern konnten.

Das Alter dient oft als Begründung dafür, dass wir bestimmte Dinge tun oder nicht tun können. Aber es gibt großartige Beispiele für Menschen, die diese Grenzen jeden Tag überschreiten. Wie viel reicher und dynamischer wäre unser Leben, wenn wir jeden Augenblick fühlen könnten, dass wir zu allem imstande sind? Wir könnten denen, die uns nahe stehen, Inspiration, Sicherheit und Freude schenken. Wir könnten unseren Kindern ein Vorbild sein und ihnen zeigen, dass sie nie zu alt – oder zu jung – sind, um etwas zu erreichen.

53

Ich verspreche, dich zu lehren, wie wertvoll Geduld sein kann.

Ich weiß noch, wie verzweifelt ich mir als Kind manchmal etwas wünschte. Eines der schwierigsten Dinge, die ich lernen musste, war Geduld. Ich erinnere mich, wie meine Mutter mir eines Abends die folgende Geschichte erzählte, nachdem ich den ganzen Tag darum gekämpft hatte, etwas zu bekommen.

Zwei befreundete Affen spazierten eines Tages in einem Dorf in der Nähe des Waldes herum und stießen dabei auf zwei Gläser voller Nüsse. Die Nüsse waren ihre absolute Lieblingsspeise und ihre Augen wurden immer größer, als sie sich den Gläsern näherten.

Der erste Affe rannte schnell zu den Gläsern, ohne sich auch nur zu vergewissern, ob die Luft rein war. Sein Freund dagegen war etwas vorsichtiger und suchte sorgfältig die Umgebung ab, bevor er sich dem Leckerbissen näherte. Als er bei dem ersten Affen eintraf, stellte er fest, dass sein Freund vor Anstrengung und Frustration keuchte. In seiner Gier hatte er seine Hand in das Glas gesteckt und so viele Nüsse wie möglich gegriffen. Aber nun konnte er seine Faust nicht mehr durch die kleine Öffnung herausziehen. Seine Augen waren voller Hunger und Begierde und er mühte sich verzweifelt, aber vergeblich, seine Hand herauszuziehen.

Der zweite Affe sah zu, wie sein Freund vor Anstrengung schwitzte. Langsam und ruhig näherte er sich dem zweiten Glas, steckte seine Hand hinein und nahm mit Zeigefinger und Daumen eine einzige Nuss heraus. Er zog seine Hand mühelos heraus, aß die köstliche Nuss und griff ein zweites Mal hinein.

Der zweite Affe sah frustriert zu, wie sein Freund eine Nuss nach der anderen aß. Aber obwohl er jetzt sogar noch begieriger darauf war, an die Leckerbissen heranzukommen, konnte er die Nüsse in seiner Faust einfach nicht loslassen. Er kämpfte und kämpfte, aber seine Hand kam nicht heraus. Der zweite Affe hatte inzwischen fast alle seine Nüsse aufgegessen und sah sehr zufrieden aus.

Während der erste Affe sich weiter abmühte, zuckte der zweite zusammen, als er einige der Frauen aus dem Dorf zurückkommen sah. Der zweite Affe tippte den ersten an, drehte sich um und floh, wobei noch einige Nüsse in seinem Glas zurückblieben. Der erste Affe sah ein, dass er jetzt keine andere Wahl mehr hatte, ließ die Nüsse los, zog seine Hand heraus und lief ebenfalls davon. Er hatte nicht einmal eine einzige leckere Nuss essen können.

Als der erste Affe den Wald erreichte, war er wütend und enttäuscht. Er sah seinen Freund von weitem und konnte ihm nicht gegenübertreten, weil er so zornig darüber war, dass ihm die Delikatessen verwehrt geblieben waren. Er begann in die andere Richtung zu laufen, aber der zweite Affe holte ihn ein. Der erste Affe war gerade im Begriff ihm zu sagen, dass er ihn in Ruhe lassen solle, als sein Freund die

Hand ausstreckte und ihm eine Nuss gab. Der erste Affe sah seinen Freund dankbar an und warf die köstliche Nuss in seinen Mund.

54

Ich verspreche, dir zu zeigen, wie du deine eigene Realität erschaffen kannst.

Als wir noch Kinder waren, lehrte mein Vater Gotham und mich Merksprüche, die uns im Alltag begleiten sollten. Für uns war es oft ein Spiel, die Sprüche im Gedächtnis zu behalten oder sie an unsere Wünsche und Bedürfnisse anzupassen. Heute ist mir klar, dass unser Vater auf einer tieferen Ebene die Grundlage für spirituelle, ethische und emotionale Werte schuf, die uns in allem, was wir tun, Sicherheit geben.

Der folgende Merkspruch war einer meiner liebsten, und ich übte ihn fast jeden Tag:

Ich bin verantwortlich für das, was ich sehe.
Ich entscheide, welche Gefühle ich habe.
Ich setze mir die Ziele, die ich erreiche.
Und alles, was mir zu passieren scheint,
ist etwas, um das ich gebeten habe und das ich
entsprechend meiner Bitte erhalten habe.

Unser Vater forderte uns auf, eine Liste unserer Wünsche zu erstellen. Gotham und ich schrieben jeder seine eigene Liste, auf der Dinge standen wie: Ich wünsche mir diese Puppe, dieses Spiel und ein Wochenende mit meinen Freunden.

Mit der Hilfe unseres Vaters zählten wir noch andere Dinge auf: Ich wünsche mir Kreativität, Wissen, Sicherheit, Liebe und Wohlstand. Zum Abschluss riefen wir uns Ziele ins Gedächtnis, die wir erreichen wollten, beispielsweise eine Hausaufgabe fertig stellen, eine Eins in der Sozialkundearbeit schreiben und eine Karte für Mama herstellen. Dann gab es noch die Ziele, die unser Vater uns zu formulieren half, wie respektvoller Umgang mit anderen, Zuhören, Geben, Lernen und Lächeln.

Wie mit einem Gebet konnten wir durch das tägliche Aufsagen dieser Wünsche und Ziele unsere geistige Energie auf die Aufgaben des Tages richten, und unser Leben war von diesen Werten durchdrungen. Außerdem wurden wir täglich daran erinnert, dass wir unsere Erfahrungen, insbesondere unsere Gefühle, selbst schaffen. Wenn uns also jemand kritisierte, dachten wir daran, dass uns dies nur dann berühren konnte, wenn wir es zuließen. So konnten wir auf subtile Weise die tiefe Wahrheit erfahren, dass niemand uns wirklich verletzen konnte und dass das, was um uns herum geschah, nur ein Offenbarwerden unserer Wünsche war. Und indem wir unsere Ziele klar formulierten, konnten wir sie oft erreichen. Auf diese Weise erkannten wir, dass wir tatsächlich die Fähigkeit besaßen, alles in die Tat umzusetzen, was wir uns vornahmen.

Noch Jahre, nachdem Gotham und ich aufgehört hatten, diesen Merkspruch aufzusagen, war unsere Haltung gegenüber allem, was wir taten und sahen, davon geprägt. Stärkende Gebete und Mantras können ein wirkungsvolles Mittel sein, um das Selbstvertrauen, die Spiritualität und Leistungsfähigkeit unserer Kinder zu fördern.

55

Ich verspreche, dich Unabhängigkeit von den Meinungen anderer zu lehren.

Ein Mann machte einmal mit seiner Frau, seinem Kind und seinem Esel einen Ausflug ins Nachbardorf.

Er setzte seinen Sohn auf den Esel, und er und seine Frau gingen zu Fuß den Hügel hinauf. Als sie an einigen Dorfbewohnern vorbeikamen, hörte der Mann die Bemerkung: »Was für ein dummer Mann. Er lässt seine Frau den Hügel hinaufgehen, obwohl er einen so starken Esel hat.« Als sie um die Ecke gebogen waren, forderte der Mann seine Frau sofort auf, sich zu ihrem Sohn auf den Esel zu setzen.

Bald kamen sie an einer Gruppe Männer vorbei, die rauchten und Karten spielten. Der Mann konnte sie lästern hören: »Armer Mann. Schaut mal, wie ihn seine Frau beherrscht. Sie lässt ihn zu Fuß gehen, während sie wie eine Königin auf dem armen Esel thront.« Kaum waren sie um die Ecke gebogen, hieß der Mann seine Frau absteigen und setzte sich selbst zu seinem Sohn auf den Esel.

Auf der Straße kamen sie an einer Gruppe Frauen vorbei, die gerade vom Waschen am Fluss zurückkehrten. Als sie an dem Mann vorbeikamen, der mit seinem Sohn auf dem Esel ritt, sahen sie mitfühlend die Frau an, die hinter ihnen hertrottete. Er konnte sie zornig schnauben hören: »Was für ein rücksichtsloser Kerl das ist! Seine Frau, die ihm einen Sohn geboren hat und den ganzen Tag für ihn arbeitet, muss zu Fuß diesen steinigen Hügel hinaufgehen!« Als sie auf dem Hügel ankamen, sagte der Mann seiner Frau, dass sie ebenfalls aufsteigen solle. Nun trug der Esel die Last dreier Menschen.

Sie kamen an einer Lehrerin und einigen Kindern vorbei, die bei ihrer Schule im Gras spielten. »Lehrerin! Lehrerin! Schauen Sie!«, riefen sie und zeigten auf den Esel. »Was für ein armes Tier! Es kann ja kaum noch gehen!« Die Lehrerin starrte den Mann an und wandte sich dann an die Kinder: »Kinder, ein wichtiger Grundsatz im Leben ist, dass wir alle Tiere mit Liebe und Respekt behandeln sollten. Ihr solltet euch nie wie dieser Mann verhalten.«

Genervt sprang der Mann vom Esel, ließ auch seine Frau und sein Kind absteigen und neben dem Esel hergehen. Als er einen Mann auf sich zukommen sah, wollte er sich abwenden, aber der Mann fragte schon: »Mein Herr, warum gehen Sie denn alle zu Fuß, wenn Sie einen so schönen Esel haben? Wenigstens Ihr Sohn könnte doch auf ihm reiten!«

Unser Leben lang, aber besonders in jungen Jahren, achten wir sehr auf das, was andere von uns denken. Bei Teenagern erreicht diese Unsicherheit oft ihren Höhepunkt. Die Last der Meinung anderer tragen wir unser ganzes Leben mit uns herum. Wenn wir unsere Kinder lehren könnten, sich selbst zu vertrauen und sich keine Gedanken darüber zu machen, was andere von ihnen halten, könnten wir ihnen vielleicht einige Probleme im späteren Leben ersparen.

56

Ich verspreche, dich zu erinnern, dass man jede Situation aus verschiedenen Blickwinkeln sehen kann.

Als Sumant etwa zweieinhalb Jahre alt war, unternahm er den ersten Ausflug mit seinem Vater. Es war eine große Sache für seinen Vater – das erste Mal, dass er mehrere Stunden ganz allein mit seinem Kind verbrachte. Er beschloss, mit Sumant in den Zoo zu gehen.

Sumant war sehr aufgeregt, als sie im Park eintrafen. Sein Vater kaufte ihm einen Luftballon, nahm ihn auf seine Schultern und ging mit ihm von einem Tier zum anderen. Sie ahmten alle Tiergeräusche nach und sprachen von den leuchtenden Farben der Papageien und den schönen Federn der Pfauen. Dann gönnte Sumants Vater ihm noch etwas ganz Besonderes: einen Ritt auf einem Elefanten durch den Park. Sumant plapperte die ganze Zeit. Es war einer der schönsten Nachmittage, die sein Vater je erlebt hatte.

Als sie zu Hause eintrafen, kam Sumants Mutter zum Auto gelaufen, um zu sehen, wie es Vater und Sohn ging. Sie nahm Sumant in die Arme, küsste ihn und fragte ihn, ob es ihm gefallen habe. Sumant leckte einen Lutscher und zeigte seiner Mutter den Plüschaffen, den sein Vater ihm gekauft hatte. Sein Vater strahlte vor Stolz. Er wusste, dass er seinem Sohn einen sehr vergnüglichen und lehrreichen Tag beschert hatte. Er war gespannt zu hören, was Sumant seiner Mutter berichten würde.

»Sag Mama, was du gesehen hast«, forderte er ihn auf.

Sumant strahlte vor Stolz und antwortete: »Felsen, Mama, ganz viele Felsen.«

57

Ich verspreche, dir dabei zu helfen, auf dein Herz zu hören.

Als ich schwanger wurde, hatte ich ein großes Bedürfnis danach, mich zu informieren – über die richtige Ernährung, das richtige Verhalten, die richtigen Gedanken und die richtige Umgebung, durch die ich sicherstellen konnte, dass mein Baby sich gut entwickeln würde. Ich besorgte mir Bücher über Schwangerschaft und erste Lebensjahre, besuchte entsprechende Websites im Internet und abonnierte Newsletters, durch die ich wöchentlich Informationen zur Entwicklung meines Babys erhielt. Als Tara auf der Welt war, beschäftigte ich mich noch mehr mit diesen Büchern, die sich auf meinem Nachttisch stapelten. Ich telefonierte wegen jeder Kleinigkeit mit meiner Tante Amita, einer Kinderärztin, und Gigi, der intuitivsten Mutter, die ich kannte, um sicherzugehen, dass ich mit Tara alles richtig machte.

Und dann wurde mir eines Tages bewusst, dass es mir gut ging. Und Tara auch. Es ging uns beiden gut. Wir waren auf dem richtigen Weg. Es war eine Art Erleuchtung, weil ich mich so sehr in dieser Suche nach Informationen aus zuverlässigen Quellen verloren hatte, dass ich zeitweise vergessen hatte, auf mich selbst zu hören. Am Ende gaben mir die Informationen Selbstvertrauen, aber meine Intuition, mein Gefühl für mich selbst und mein Kind und meine Liebe machten eine gute Mutter aus mir. Ich erkannte, dass sich mir die richtige Vorgehensweise erschloss, wenn ich auf mich selbst hörte und Tara ansah und auf das hörte, was sie mir – verbal und nonverbal – sagte. Ich hatte ein angeborenes Wissen als Mutter, ein Wissen, das aus tieferen Quellen als Büchern, Artikeln und der Erfahrung anderer Menschen kam. Diese Erkenntnis wurde zu einem Wendepunkt auf meiner Reise als Mutter. Sie gab mir das Selbstvertrauen, all den Fakten in meinem Kopf den Strom der Liebe und Fürsorge gegenüberzustellen, der durch das Zusammensein mit meiner Tochter ausgelöst wurde.

Das war eine wichtige Lehre für mich, die über mein Leben als Mutter hinaus Bedeutung hatte. Mir ist jetzt klar, dass es ein Gleichgewicht zwischen Informationen und auf Erfahrungen basierendem, intuitivem Wissen gibt. Fakten und Informationen lehren uns, wie Dinge in der Vergangenheit funktioniert haben, und helfen uns, Fehler zu vermeiden. Aber jede Art von Unternehmung ist viel mehr als die oberflächlichen Zahlen, Daten, Formeln und Wörter. Erfolg beruht letztlich auf Erfahrung und darauf, dass wir auf unsere Herzen, unsere Umgebung, unser spirituelles Wesen und die Menschen, denen wir vertrauen, hören. Freiheit von dem, was andere als richtig oder falsch definieren, und ihren Meinungen zu dem, was funktioniert und was nicht, gibt uns Flügel, um davonzufliegen und das Leben auf eine ganz neue Art zu erleben.

Anregung

Schreiben Sie ein Erlebnis auf, bei dem Sie eine wichtige Entscheidung trafen, indem Sie auf Ihr Herz hörten. Welches Gefühl gab Ihnen das? War die Entscheidung richtig?

58

Ich verspreche, dich dabei zu unterstützen, großartige Dinge zu erreichen.

Einmal zog ein großer, starker Löwe durch die Steppe. Es war ein warmer Tag, und der Löwe genoss die Sonne, die auf ihn herabschien. Plötzlich spürte er, wie sich neben seiner Pfote etwas bewegte, und mit einem Prankenschlag hielt er eine kleine Maus zwischen den Klauen.

Als der Löwe seine scharfen Zähne leckte, zitterte die Maus vor Angst. Bevor der Löwe die Maus in sein Maul stecken konnte, hörte er ein hohes Quieken.

»Großer Herr. Edler König der Tiere. Verschone mich. Ich war auf dem Weg zu meiner Familie. Bitte friss mich nicht und habe Erbarmen mit einem so kleinen Tier. Ich verspreche dir dafür, dass ich dir in der Not zu Hilfe kommen werde.«

Der Löwe lachte über die Maus. »Wie könnte ein so winziges Geschöpf jemals mir, dem größten Tier im Land, zu Hilfe kommen?«, fragte er. »Sei nicht so eingebildet.«

»Trotzdem«, fuhr er fort, »werde ich dich gehen lassen, denn ich habe gerade eine gute Mahlzeit beendet und bin nicht hungrig. Lauf jetzt!«

Erleichtert huschte die Maus davon.

Einige Wochen später strich der Löwe durch ein Gebüsch, als er plötzlich auf eine Falle trat und in ein Netz geschleudert wurde. Der Löwe kämpfte, aber trotz seiner Bemühungen schien er dem Untergang geweiht. Als König des Dschungels wusste er, dass es keine eindrucksvollere Trophäe gab als einen Löwen wie ihn. Mit wachsender Verzweiflung kämpfte der Löwe gegen die Schnüre, verstrickte sich dabei aber nur noch mehr im Netz.

Gerade als er aufgeben wollte, sah der Löwe die Maus unter sich heraneilen. Innerhalb von Sekunden begann die Maus am Netz zu nagen und löste eine Schnur nach der anderen. Langsam wurde das Loch größer, bis es schließlich unter dem Gewicht des Löwen nachgab. Er war frei.

Diese klassische Fabel von Äsop lehrt uns, dass wir alle unsere speziellen Möglichkeiten haben, große Taten zu vollbringen. Es ist wichtig, dass wir als Eltern das Selbstvertrauen unserer Kinder stärken, das ihnen die innere Stärke, Weisheit und Kraft gibt, alles zu erreichen.

59

Ich verspreche, dir zu zeigen, dass manchmal an ganz unerwarteten Orten ganz unerwartete Freundschaften entstehen.

Mit 16 Jahren verbrachte ich als ehrenamtliche Helferin im Rahmen eines Hilfsprogramms einen Sommer in der Dominikanischen Republik. Ziel des Programms ist es, junge Menschen als Führungspersönlichkeiten aufzubauen, sodass sie Aufgaben im Bereich der Gesundheitsversorgung, Bildung und dörflichen Entwicklung übernehmen können.

Ich erinnere mich, dass ich während der Orientierungsphase in Texas gefragt wurde, weshalb ich mich zu diesem Programm angemeldet hatte. Als junge Idealistin war ich der Meinung, dass ich Probleme im Zusammenhang mit Armut, schlechter Gesundheitsversorgung und Bildung nur verstehen konnte, wenn ich mit den Völkern und Kulturen in Kontakt kam, über die wir im Klassenzimmer sprachen.

Als ich in Texas eintraf, begegnete ich einer anderen Mentalität. Die Orientierungsphase bestand für viele eher darin, mit neuen Bekannten Partys zu feiern und zu flirten, als sich über die Probleme der Welt Gedanken zu machen. Als schüchternes, introvertiertes, ernsthaftes indisches Mädchen fiel es mir schwer, mit den anderen zu feiern. Ich fühlte mich wohler, wenn ich in meinem Zimmer ein Buch las, und hatte das Gefühl, nicht in die Gruppe zu passen. Ich erinnere mich an eine besonders einschüchternde Teilnehmerin der Gruppe, ein vorlautes Mädchen namens Lisa, die Anführerin der Partybande war.

Als unsere Gruppen eingeteilt wurden, stellte sich natürlich heraus, dass ich mit der einen Person, mit der ich unter keinen Umständen hatte zusammenkommen wollen – Lisa! – in ein kleines Dorf namens Los Guantes geschickt werden sollte. Ich war so niedergeschmettert, dass ich erwog, direkt nach Hause zurückzukehren. Ich dachte, dass es mir unmöglich sein würde, acht Wochen in einem entlegenen Dorf mit diesem Mädchen zu verbringen.

Zu meiner großen Erleichterung waren Lisa und ich in verschiedenen Familien untergebracht. Alle Häuser im Dorf waren Wellblechhütten mit geflickten Dächern. Ich lebte in einer Hütte mit einem jungen Paar und seinen drei kleinen Töchtern, Pereira, Leleila und Vanessa. Gekocht wurde draußen über einem selbst gebauten Herd, der mit frischem Holz beheizt wurde. Wir badeten im Fluss und verrichteten unsere Notdurft draußen im Feld. Unsere Aufgabe bestand darin, beim Bau von Latrinen für das Dorf mitzuhelfen.

Ich gewöhnte mich innerhalb eines Tages an das Leben in Los Guantes. In der Familie fühlte ich mich sehr wohl, die Kinder brachten mir viel Freude und Freiheit. Am ersten Morgen wurde ich bei Tagesanbruch von den Mädchen sowie einer Schar von Hühnern, Ziegen und Hunden geweckt. Ich half der Mutter, Bohnen, Reis und Kochbananen zuzubereiten, was während der nächsten zwei Monate mein Mittag- und Abendessen sein sollte. Siestas gehörten zum

Tagesablauf, und der Abend wurde mit Unterhaltung, Gesang und Tanz verbracht. Es war ein einfaches, sorgenfreies Leben, und all die Sorgen, Ideologien und Überzeugungen, die ich als 16-Jährige hatte, erschienen mir plötzlich irrelevant.

Es dauerte viel länger, eine Brücke zu Lisa zu bauen. Aber als wir an den Latrinen zu arbeiten begannen, kamen wir allmählich ins Gespräch. Lisa und ich waren so unterschiedlich, wie man es sich nur vorstellen konnte. Sie war auf einem Wohnwagenplatz in Nebraska mit einem alkoholkranken Vater aufgewachsen. Ihre Tante hatte ihr »nahe gelegt«, den Sommer hier zu verbringen, weil sie sonst Gefahr lief, mit Drogen und Alkohol sowie der örtlichen Polizei in Konflikt zu geraten. Lisas Tante dachte, dass die Erfahrung Lisa gut tun würde, und hatte alles für sie organisiert. Jeden Tag sprachen Lisa und ich etwas mehr miteinander, und sie gestand mir schließlich, dass sie enttäuscht gewesen sei, als wir zusammen eingeteilt worden seien, weil ich einen so ernsten, ruhigen Eindruck gemacht habe. Durch unsere Gespräche erkannten wir allmählich, dass wir uns trotz der großen Unterschiede miteinander wohl fühlten. Wir erfuhren voneinander etwas über eine völlig andere Lebensweise.

Eines Nachmittags versuchten Lisa und ich, Zement von einem Ende des Dorfes zum anderen zu transportieren. Es war ein heißer Tag, und wir hatten drei Säcke Zement und ein Pferd zur Verfügung. Wir versuchten die Säcke auf das Pferd zu binden, aber sie fielen immer wieder herunter. Wir beschlossen, beide auf dem Pferd zu reiten und die Zementsäcke dabei auf dem Schoß zu halten. Wir probierten verschiedene Positionen aus und fanden uns schließlich auf dem Pferd einander gegenübersitzend. Wir lachten Tränen über die absurde Situation. Da waren wir also – zwei junge Frauen, die wenig gemeinsam hatten und sich abmühten, Zement auf einem armen Pferd zu transportieren, damit sie in einem kleinen Dorf eine Latrine bauen konnten! Es war eine der wärmsten, eindrucksvollsten und wichtigsten Erfahrungen meines Lebens, und auf einmal wusste ich, dass der Zweck meiner Reise nach Los Guantes in diesem Sommer darin bestanden hatte, das Wunder der Freundschaft zu entdecken.

60

Ich verspreche, aus deinem Vertrauen und deiner Unschuld zu lernen, dass die Zukunft Gutes bringt.

Mein Bruder Gotham arbeitete mehr als fünf Jahre als Kriegsberichterstatter für einen Nachrichtensender. Er reiste in die konfliktreichsten Gegenden der Erde. Als er von seinen Abenteuern zurückkehrte, waren die eindrucksvollsten Geschichten, die er zu erzählen hatte, immer diejenigen, bei denen es um den täglichen Daseinskampf der Kinder ging. Wo immer man sie antrifft, sind Kinder unschuldig und neugierig, verspielt und voller Freude. Im Krieg sind die Kinder am meisten von der Gewalt, dem Hass und dem Durcheinander um sie herum betroffen, weil sie in ihrem Herzen wissen, dass das nicht die Normalität sein sollte.

Während einer Reise nach Tschetschenien berichtete Gotham aus der Nähe eines Gebäudes, das in der Nacht zuvor bombardiert worden war, als ein zehnjähriges Mädchen an ihm vorbeiging. Dabei ließ sie eines der vielen zerfledderten Bücher fallen, die sie auf ihren kleinen Armen trug. Als Gotham sich hinunterbeugte, um das Buch aufzuheben, fiel ihm der entschlossene Ausdruck des Mädchens auf.

»Wo gehst du hin?«, fragte Gotham, der bemerkt hatte,

dass nur wenige Kinder allein auf der Straße anzutreffen waren.

»In die Schule«, antwortete sie.

Nach einigen Sekunden fiel Gotham ein, dass in dieser Gegend keine Schulen geöffnet waren. Wegen der Gewalt auf den Straßen scheuten die Eltern sich, ihre Kinder hinauszulassen, und unterrichteten sie zu Hause oder in kleinen Gruppen mit ihren Freunden. Außerdem konnte es sich diese vom Krieg zerrissene Region nicht leisten, ihre kostbaren Kinder an einem Ort zu versammeln.

Gotham sah dem Mädchen nach und beschloss ihr zu folgen, weil sich hinter ihrer einfachen Aussage eine Geschichte verstecken konnte. Nach etwa zehn Minuten sah er, wie sie einen verlassenen Park betrat und sich unter einen alten Baum setzte. Sie schlug ihre Bücher auf, nahm Papier und Bleistift heraus und begann zu arbeiten.

Gotham ging zu dem Mädchen und fragte sie, ob noch jemand anders kommen werde, ob das ihre Schule sei, von wem sie unterrichtet werde und was sie lerne. Während Gotham neben ihr kniete, sah er, dass es sich bei ihren Büchern nicht unbedingt um Schulbücher handelte. Es waren Romane, Bilderbücher und Zeitschriften darunter.

Das Mädchen sah Gotham selbstbewusst an und antwortete: »Das ist meine Schule. Sie wurde noch nicht offiziell eröffnet, und wir haben noch keinen Lehrer gefunden. Aber das wird noch geschehen. Und wenn die Schule dann eröffnet wird, werde ich hier sein. Und ich werde bereit sein.« Sie zeigte stolz auf ihre Bücher, die Buchstaben in ihrem kleinen Notizbuch, den zerstörten Spielplatz und ihren schützenden Baum.

Für einen Augenblick sah auch Gotham ihre schöne Schule, ihren fröhlichen Spielplatz, ein Baumhaus und lachende Kinder und liebevolle Lehrer um sie herum.

Anregung

Denken Sie an ein wichtiges Ereignis in Ihrem Leben, aus dem Sie etwas Wertvolles gelernt haben. Nehmen Sie sich vor, diese Lektion mit Ihrem Kind zu teilen.

Liebe

Die Freude,
die du in mein Leben bringst

61

Ich verspreche, dich mit all meinen Kräften zu beschützen.

Nach einem verheerenden Feuer im Yellowstone National Park gingen Ranger hinein, um den Schaden zu begutachten. Das Land war völlig verwüstet. Eine dicke Schicht Asche bedeckte den Waldboden, die Bäume ragten nur noch als verkohlte Gerippe in den Himmel, und es hing Rauch in der Luft.

Ein Ranger, der voller Ehrfurcht den Leben spendenden und zerstörenden Kräften der Natur gegenüberstand, sah plötzlich einen verbrannten Vogel an einem Baumstamm lehnen. Unter einem herabgefallenen Ast verborgen, war der zerbrechliche Körper ein Opfer der Flammen und des Rauchs geworden. Der Ranger war von Mitgefühl überwältigt und verspürte den Wunsch, das unschuldige Geschöpf zu beerdigen.

Als er den Vogel aufhob, dauerte es einen Augenblick, bis er die Bedeutung dessen erkannte, was sich unter seinen Flügeln verbarg. Drei Küken kamen darunter zum Vorschein – ohne sich des Todes und der Verwüstung um sie herum bewusst zu sein. Sie pickten einander, zwitscherten vor sich hin und hüpften umeinander herum.

Ihre Mutter hatte instinktiv gespürt, dass ein lebensbedrohendes Feuer nahte, ihre Kinder an einen geschützten

Ort gebracht und sie mit ihren Flügeln bedeckt. Während die Flammen rings umher wüteten, blieb sie – stoisch und unbeirrt – auf ihrem Platz. Es wäre ein Leichtes für sie gewesen davonzufliegen, um sich in Sicherheit zu bringen, aber sie wich nicht von der Stelle. Kein Opfer war ihr zu groß, um ihre Babys zu beschützen.

Er beschirmt dich mit seinen Flügeln,
unter seinen Schwingen findest du Zuflucht,
Schild und Schutz ist dir seine Treue.

Psalm 91, 4

62

Ich verspreche, mich immer an den Augenblick zu erinnern, in dem mir bewusst wurde, dass ich Mutter bin.

Ich werde nie den Augenblick vergessen, in dem ich Tara zum ersten Mal richtig ansah. Natürlich hatte ich sie unmittelbar nach der langwierigen Geburt gesehen. Ich hatte sie kurz im Arm gehalten, bevor sie mir weggenommen wurde, um untersucht zu werden.

Später am Tag ihrer Geburt hatte ich sie noch einmal im Arm gehalten, war aber vom Kaiserschnitt und den Narkosemitteln noch erschöpft und benommen und konnte mich unter den Augen der Familie und des Pflegepersonals nicht ganz auf den Augenblick einlassen. Um die Wahrheit zu sagen, fühlte ich mich überfordert, müde und verwirrt. Trotz all der Vorbereitung und Vorfreude war mir nicht wirklich klar gewesen, was es bedeuten würde, ein Baby zu haben.

Erst einen Tag nach Taras Geburt nahm ich zum ersten Mal richtig wahr, was für ein Wunder sie war. Plötzlich war ich von jedem kleinen Teil ihres kostbaren Körpers fasziniert. Ich zählte ihre winzigen Zehen und Finger. Ich streichelte ihren mit dunklem Haar bedeckten Kopf. Ich berührte ihre weiche, reine, perfekte Haut. Ich fuhr mit dem Finger ihre kleine Nase und ihre rosa Lippen nach.

Und wenn ich in ihre dunklen Augen sah, war es mir, als ob ich ihre Seele sehen könne. Ihre ganz eigene Präsenz sah fragend zu mir auf. Ich weinte und lächelte gleichzeitig und fühlte mich von einer Welle der Gefühle und der grenzenlosen Liebe umhüllt. Das war mein Baby. Meine Tochter. Das kostbarste und wundersamste Geschenk, das ich je erhalten hatte.

Ich sah meine kleine Tochter an, hielt sie nahe bei mir, roch ihren Babyduft, spürte ihre weiche Babyhaut und küsste sie sanft.

Anregung

Schreiben Sie Ihre Erinnerungen an den ersten Augenblick auf, in dem Sie Ihr Baby sahen, sodass Sie sie später mit Ihrem Kind teilen können.

63

Ich verspreche, immer daran zu denken, dass meine Liebe zu dir das Licht ist, das mir als Mutter den Weg weist.

Als ich erfuhr, dass ich schwanger war, war ich absolut begeistert. Ich habe Kinder schon immer gemocht – wegen ihrer Unschuld und Fröhlichkeit, ihrer Ehrlichkeit und Spielfreude. Sumant und ich warteten fünf Jahre, bis wir ein Kind bekamen, und als ich dann schwanger wurde, wusste ich, dass es das war, was ich mir am meisten auf der Welt gewünscht hatte.

Zumindest dachte ich das. Aber bereits in der ersten Nacht, nachdem ich festgestellt hatte, dass ich schwanger war, schlichen sich Angst und Zweifel in meine Träume. Plötzlich fühlte ich mich unsicher in allem in meinem Leben – meinen Beziehungen, meiner Reife und meinen Fähigkeiten. War ich bereit dafür, Mutter zu werden? Wusste ich wirklich, was es bedeutete, Mutter zu sein? Konnte ich die Verantwortung dafür übernehmen, in einer Welt voller Wirrnis und Chaos ein Kind zu erziehen?

Diese Fragen verfolgten mich während der gesamten Schwangerschaft. Manchmal konnte ich nicht einmal Sumant meine Unsicherheit eingestehen. War nicht ich es gewesen, die sich so lange nach einem Baby gesehnt hatte? Aber als der errechnete Geburtstermin nahte, mischte sich unter die Aufregung mehr und mehr Angst. Ich wusste, dass sich unser Leben auf eine Weise verändern würde, die wir uns nicht einmal vorstellen konnten, und ich betete darum, dass ich damit würde umgehen können.

Als Tara auf der Welt war, löste sie innerhalb eines Augenblicks die Freude, Leidenschaft und Liebe aus, die mein ganzes Leben lang genährt worden war. Ich sah sie an und wusste, dass sie genau so war, wie sie sein sollte. Als ich sie im Arm hielt, spürte ich endlich Erleichterung.

Aber bald kamen die Ängste wieder an die Oberfläche. Zuerst war es der Gedanke daran, das Krankenhaus zu verlassen und daheim ganz ohne die Hilfe der Krankenschwestern zurechtkommen zu müssen. Dann war es die Angst davor, dass meine Mutter, die sich die ersten drei Monate um Tara und mich kümmerte, wieder in ihren normalen Alltag zurückkehren würde. Und es setzt sich bis heute fort. Jetzt, da Tara mehr als zwei Jahre alt ist und ich wieder schwanger bin, frage ich mich, ob ich in der Lage sein werde, mit zwei Kindern zurechtzukommen.

Mir ist jetzt klar, dass meine Unsicherheiten zum Vorschein kommen, wenn ich Zeit habe, nachzudenken, rational zu sein und mir alle Möglichkeiten auszumalen, die die Zukunft bringen könnte. Aber die Wahrheit erfahre ich immer dann, wenn ich all die Gedanken loslasse und einfach nur mit meinem Kind zusammen bin. Ich umarme und küsse sie. Wir unterhalten uns. Wir lesen Bücher. Wir kuscheln beim Einschlafen. Während wir diese ruhigen, zauberhaften

Augenblicke miteinander teilen, wird mir klar, dass meine Liebe zu ihr mir helfen wird, alle schwierigen Situationen zu meistern. Die Liebe ist stärker als alle Rationalität und Irrationalität. Die Liebe eröffnet mir einen Weg in eine Welt, in der ich frei und sicher bin und die Mutter sein kann, von der ich immer geträumt habe.

64

Ich verspreche, immer daran zu denken, wie deine Freude auch mein Herz höher schlagen lässt.

Seit sie sechs Monate alt war, liebte Tara das Karussellfahren. Es war ihre absolute Lieblingsbeschäftigung und sie begann sie mit meinen Eltern in Verbindung zu bringen, die oft mit ihr zu den Spielpferden gingen. Als Tara älter wurde, hatte sie genauere Vorstellungen davon, auf welchem Pferd sie sitzen wollte. Sie wollte immer jemanden neben sich haben, während sie im Kreis fuhr, im Takt der Musik auf und ab hopste, den Zuschauern zuwinkte und den blinkenden Lichtern zusah.

Als Tara etwas älter als zwei Jahre war, beschlossen Sumant und ich, sie auf dem Bauernmarkt am Sonntag auf einem echten Pferd reiten zu lassen. Die sechs Ponys, die zehn Runden in einer kleinen Manege herumgeführt wurden, waren äußerst beliebt bei den Kindern. Während Sumant und ich an die Spitze der Warteschlange vorrückten, hatten wir vor, neben Tara herzugehen und ihre Hand zu halten, damit sie keine Angst bekam.

Als wir an der Reihe waren, erfuhren wir, dass die Kinder allein zu den Ponys gehen mussten und die Eltern nicht nebenher laufen durften. Sumant und ich sahen uns an.

Uns war nicht wohl bei dem Gedanken, Tara abzugeben, aber sie war zu diesem Zeitpunkt schon so aufgeregt, dass wir wirklich keinen Rückzieher machen konnten. Als Sumant Tara der zuständigen Frau übergab, war kurz Panik in ihren Augen zu sehen, aber die Frau lenkte sie mit der Frage ab, auf welchem Pony sie reiten wolle. Tara zeigte auf ein braunes, und die Frau sagte ihr, dass es Champion heiße. Als sie Tara auf das Pony setzte, wies sie sie an, die Arme zu heben, damit sie ihr den Sicherheitsgurt umlegen könne. Tara hob die Arme und ließ sie noch oben, als die Frau sie schon lange angeschnallt hatte und weggegangen war. Sumant und ich erschraken und riefen Tara zu, dass sie jetzt die Arme herunternehmen und sich am Sattel festhalten solle, um nicht herunterzufallen. Wir sahen uns an und lachten, als uns klar wurde, wie überbesorgt wir waren.

Tara streichelte Champion und lächelte. Sumant und ich standen außerhalb des niedrigen Zauns und winkten ihr zu. Ihr Lächeln war hinreißend. Sie war so glücklich, so stolz und strahlte von einem Ohr zum andern. Als die Ponys im Kreis zu trotten begannen, saß Tara ganz aufrecht und war sehr konzentriert. Sumant und ich riefen ihren Namen und wenn sie an uns vorbeikam, lächelte oder winkte sie. Nach ein oder zwei Runden wurde Tara selbstsicherer, hielt sich nur noch mit einer Hand am Sattel fest und streichelte Champions Mähne. Sie sah sich um, entdeckte mich und rief: »Mama, ich liebe mein Pferdchen Champion.« Dann sah sie Sumant und sagte: »Papa, ich liebe dich so!« Mein Herz schlug schneller, und ich spürte echte Freude. Ich schaute zu Sumant hinüber und sah, dass auch er vollkommen von diesem Augenblick ergriffen war. Er hatte den schönsten, liebevollsten Gesichtsausdruck, warf Tara eine Kusshand zu und sagte: »Baby, ich liebe dich auch. Ich bin so stolz auf dich.«

Ich weiß nicht, wer von uns dreien am Ende von Taras Ritt mehr strahlte – Tara, Sumant oder ich.

Unsere Kinder haben die Fähigkeit, in unerwarteten Augenblicken grenzenlose Liebe und Freude in unseren Herzen zu wecken. Solche Augenblicke öffnen unsere Augen für den Zauber, die Wunder und die Erhabenheit, die Liebe in unser Leben bringen kann.

Anregung

Erinnern Sie sich an eine Zeit mit Ihrem Kind, als Sie vollkommene, grenzenlose Freude empfanden.

65

Ich verspreche, dich aus tiefstem Herzen zu lieben, auch wenn ich weiß, dass mich das sehr verletzlich macht.

Seit ich Kinder habe, fließt grenzenlose Liebe aus meinem Herzen. Es ist eine Liebe, wie ich sie nie zuvor erlebt habe – eine Liebe, die keine Erwartungen hegt, die rein und unschuldig ist und die bereit ist, für meine Babys alles zu opfern. Es ist eine so intensive Liebe, dass sie mich verletzlicher macht als je zuvor.

Ich denke an Eltern, die mit kranken Kindern umgehen müssen, die ihre Kinder nicht vor Schmerz und Leid schützen können. Jetzt, da ich selbst Mutter bin, kann ich die fieberhafte Verzweiflung nachvollziehen, mit der Eltern ihren Kindern Schutz zu bieten versuchen. Anders als bei anderen Menschen in meinem Leben, bei denen ich Schutzwälle aufbauen kann, kennt die Liebe zu meinen Kindern keine schützenden Barrieren, keine Grenzen.

Einige Tage vor Taras erstem Geburtstag erhielten wir einen Anruf von meiner Tante. Wir erfuhren, dass mein Cousin Rishi einen Anfall erlitten hatte und ins Krankenhaus gebracht worden war. Er war die Nacht über untersucht worden, und unsere Verwandten in Boston waren alle bei ihm im Krankenhaus, um auf die Ergebnisse zu warten. Als

Arzt konnte mein Vater anhand der ersten Symptome und der Untersuchungen, die durchgeführt worden waren, sofort erkennen, dass die Prognose nicht günstig war. Er buchte umgehend einen Flug nach Boston, und ich hatte noch nie zuvor in meinem Leben so viel Angst empfunden.

Die Kernspintomografie von Rishis Gehirn zeigte einen Tumor, der 70 Prozent der linken Gehirnhälfte einnahm. Rishi war zwei Wochen vorher 20 geworden. Er war im zweiten Jahr am College und in all die Dinge vertieft, die einen Menschen am Übergang zum Erwachsenenleben beschäftigen. In dem Jahr nach der Diagnose durchlief Rishi einen schmerzhaften Behandlungszyklus aus Chemotherapie und Bestrahlung, durch den nicht nur der Tumor beseitigt, sondern auch sein Augenlicht und sein Gehör fast vollkommen zerstört wurden.

Jeder von uns rang auf seine eigene Weise darum, Rishis Krankheit zu akzeptieren, aber ich werde nie vergessen, wie qualvoll es für meine Tante und meinen Onkel war, Rishis Leiden mit ansehen zu müssen. Sie waren immer an Rishis Seite und sind es auch heute noch. Sie organisierten alles, sprachen mit den Ärzten, kümmerten sich um Versicherungsfragen und die pünktliche Verabreichung von Medikamenten. Als Rishi das College verlassen und nach Hause zurückkehren musste, sorgten sie für einen nahtlosen Übergang und richteten ihr Leben ganz auf seine Bedürfnisse und Wünsche aus. Sie hielten ihn fest, sprachen mit ihm und trösteten ihn in den dunklen Augenblicken, in denen er Zeit hatte, nachzudenken, still zu werden und alles, was geschehen war, in sich einsinken zu lassen. Meine Tante und mein Onkel klagten nie über Erschöpfung oder über das, was sie durchmachten. Sie konzentrierten sich ganz auf ihr Kind und taten alles, was in ihren Kräften stand, um ihm zu helfen. Aber gleichzeitig litten sie stumm, weil sie das Leiden ihres Kindes mit ansehen mussten und es nicht verhindern konnten.

Während wir ihn alle fast noch für ein Kind hielten, erwies sich Rishi als stärkste, fähigste und robusteste Persönlichkeit inmitten dieses Traumas. Er bemitleidete sich nicht, sondern steckte seine Energie in die Heilung und die Bewältigung der Probleme, die sich Tag für Tag auftürmten. Sogar jetzt, da er mit fast völliger Blindheit und Taubheit leben muss, konzentriert sich Rishi auf neue Formen der Kommunikation und auf das, was zur Heilung erforderlich ist. Rishi hat uns alle so viel über das Leben und die Wertschätzung unserer Beziehungen und Chancen gelehrt. Er lehrt uns Glauben, Vertrauen und wahre, unerschütterliche Liebe.

Rishis Krankheit trat zu einer Zeit in meinem Leben auf, als ich die Gefühle entdeckte, die mit dem Elternsein verbunden sind. Ich empfand so viel Schmerz – nicht nur seinetwegen, sondern auch wegen seiner Eltern, weil ich ihr niemals nachlassendes Engagement für ihr Kind nachvollziehen konnte. In vielerlei Hinsicht weckte Rishis Krankheit in mir Angst – wegen der Intensität meiner Liebe für meine Kinder und der Einsicht, wie verletzlich mich diese Liebe macht.

Aber Rishi hat uns auch gezeigt, dass nichts so lohnend ist wie die hingebungsvolle Liebe, die ein Kind in uns weckt. Es ist die Art von Liebe, die uns in der Seele berührt und unser Leben bereichert. Und es ist die Art von Liebe, die diejenigen, denen sie gilt, nährt und sie zu den starken Helden und Engeln macht, die uns etwas lehren und uns die kostbarsten Augenblicke unseres Lebens schenken.

66

Ich verspreche, immer an die Zärtlichkeit zu denken, die du in mir geweckt hast.

Die ersten Tage des Stillens nach Taras Geburt waren eine echte Herausforderung für mich. Ich war erschöpft, frustriert, hatte Schmerzen und machte mir Sorgen darüber, dass Tara nicht problemlos trank.

Eines Nachts, nachdem ich mich den ganzen Tag bemüht hatte, Tara richtig anzulegen, begann sie endlich zu saugen. Trotz all der Frustration war ich jedes Mal, wenn sie trank, beeindruckt davon, wie wunderbar die Natur alles eingerichtet hat. Während Tara trank, entspannte ich mich, streichelte ihr weiches Haar und betrachtete ihr schönes Gesicht, das so friedlich und unschuldig war.

Als Tara satt war, ließ sie langsam meine Brustwarze los. Ihre Augen waren geschlossen, ihr Bauch war voll, und sie schien zu schlafen. Sie bewegte den Kopf hin und her und drückte sich an mich. Sie veränderte mehrmals ihre Stellung, bis sie direkt über meinem Herzen lag. Dort entspannte sie sich und schlief zum Rhythmus meines Herzschlags ein. Ihre Lippen machten noch Saugbewegungen, und sie legte eine kleine Hand auf meine Brust. Tara fühlte sich sicher und zu Hause, während sie meinem Herzschlag und meinem Atem lauschte und meine Haut und meine Körperwärme spürte. Es war ein Augenblick, in dem ich verstand, was vollkommenes Vertrauen, Frieden, Liebe und Zärtlichkeit bedeuten.

Ich wagte mich kaum zu bewegen, sprach leise Sumant an, und dann betrachteten wir beide unsere schöne Tochter. Wir hatten noch nie etwas so Sanftes und Schönes gesehen.

Als Eltern spüren wir das grenzenlose Vertrauen, das unsere Kinder in uns setzen. Lasst uns versuchen, dieses reine Gefühl nie zu enttäuschen. Aus diesem Vertrauen erwächst die Selbstsicherheit, die all ihre zukünftigen Beziehungen nährt und stärkt.

67

Ich verspreche, dir die heilende Kraft der Liebe zu zeigen.

Vor einigen Jahren machte die Katze Scarlet in New York und auf der ganzen Welt Schlagzeilen. Scarlet war eine Streunerin, die mit ihren fünf neugeborenen Jungen in einem verlassenen Lagerhaus in Brooklyn lebte.

An einem kalten Morgen im März roch Scarlet Rauch im Lagerhaus. Instinktiv begann sie ihre Kätzchen, eines nach dem anderen, vor den rasch wachsenden Flammen in Sicherheit zu bringen. Obwohl das Feuer von Minute zu Minute höher loderte, zögerte Scarlet keinen Augenblick, bevor sie sich wieder in die Flammen stürzte, um das nächste Kätzchen zu retten. Nachdem Scarlet alle fünf Kätzchen aus dem Gebäude geholt hatte, vergewisserte sie sich, dass sie vollzählig waren, indem sie ihnen nacheinander das Fell leckte. Dann trug sie eines nach dem anderen über die Straße, bis sie von einem Feuerwehrmann entdeckt und in ein Tierheim gebracht wurden.

Scarlets Augen waren zugeschwollen, sie hatte schwere Brandverletzungen und ihre Haut war versengt. Aber obwohl sie kaum stehen oder atmen konnte, fuhr sie auch nach der waghalsigen Befreiungsaktion fort, ihre Kätzchen zu lecken. Die Jungen blieben in ihrer Nähe, leckten sie ebenfalls und gaben ihr die Liebe und Wärme, die ihr halfen, zu genesen. Drei Monate nach dem schrecklichen Ereignis waren Scarlet und ihre Kätzchen auf dem Weg der Besserung.

Scarlet zeigte uns, wie die Liebe uns die Kraft gibt, die schwierigsten Situationen zu meistern. Sie lehrte uns, dass Liebe uns antreibt, weiterzumachen. Mit ihrer Hilfe können wir unsere tiefsten Wunden heilen.

68

Ich verspreche, dir zu zeigen, dass Taten der Liebe ein Leben lang wirken.

Sumants Urgroßvater – der Vater seiner Großmutter – beschloss mit 50, seine Familie zu verlassen und in den Himalaya zu reisen, um seine eigene Spiritualität zu erkunden. Nach der hinduistischen Tradition galt dies als eine natürliche Phase im Leben eines Mannes. Er ließ acht Kinder zwischen zwölf und 25 Jahren zurück.

Sumants Großmutter war die Älteste in der Familie und sie war zu diesem Zeitpunkt als Einzige verheiratet. Ihr Mann, den Sumant Bhara Papa nannte, übernahm die Rolle des Familienoberhaupts für alle Brüder und Schwestern seiner Frau. Er zahlte für ihre Ausbildung, arrangierte ihre Hochzeiten und sorgte dafür, dass sie eine Stelle fanden. Die Familie war ihm dafür grenzenlos dankbar und respektierte ihn sein Leben lang durch Wort und Tat für seinen Beistand.

Der Jüngste der Geschwister, Onkel Kuku, war im selben Alter wie Bhara Papas Kinder. Deshalb wurde Bhara Papa während Onkel Kukus Jugend und frühem Erwachsenenalter zu einem Ersatzvater für ihn.

Mehr als alles andere liebte Onkel Kuku das Schwimmen. Also packte Bhara Papa Onkel Kuku mehrmals die Woche auf seinen Motorroller und fuhr mit ihm durch den dichten Verkehr Delhis zu einem Schwimmbad am anderen Ende der Stadt, wo er Schwimmunterricht erhielt. Bhara Papa sah Onkel Kuku voller Stolz zu, wenn er durch das Wasser pflügte und begleitete ihn zu jedem Wettschwimmen, an dem er teilnahm. Onkel Kuku begann zahlreiche Pokale zu sammeln, die er alle Bhara Papa, seinem Mentor, seinem Gefährten und seiner Inspiration, übergab.

Später studierte Onkel Kuku Medizin und emigrierte in die USA, wo er sich mit seiner Frau und seinen Kindern niederließ. Als Onkel Kuku in Pension ging, beschloss er, sein Lieblingshobby, das Schwimmen, wieder aufzunehmen. Er nahm an Schwimmwettbewerben für Senioren teil und stellte voller Freude fest, dass er die Schwimmtechnik immer noch beherrschte. Er gewann viele Wettbewerbe. Vor jedem Wettschwimmen betete Onkel Kuku und dankte Bhara Papa noch einmal für die Unterstützung in seinen frühen Jahren.

Bald nachdem Onkel Kuku wieder mit dem Schwimmen begonnen hatte, wurde Bhara Papa schwer krank, und wir wussten alle, dass er nicht mehr lange zu leben hätte. Onkel Kuku beschloss, eine Pilgerreise nach Indien zu unternehmen, um Bhara Papa die letzte Ehre zu erweisen. Er packte seinen Koffer und bereitete sich auf die Reise vor, die er unternahm, um sich von dem Mann zu verabschieden, den er immer als seinen Vater betrachtet hatte.

Vor allem aber packte Onkel Kuku die Pokale ein, die er in den letzten Jahren beim Schwimmen gewonnen hatte. Es war an der Zeit, sie dem Mann auszuhändigen, der eine lebenslange Leidenschaft in ihm genährt hatte.

69

Ich verspreche, dich zu lehren, auf göttlichen Beistand zu vertrauen.

Psyche, die schönste Sterbliche der Welt, war mit Eros, dem Gott der Liebe, verheiratet, wusste aber nichts davon. Sie traf ihn nur in der Nacht, und er hatte ihr das Versprechen abgenommen, dass sie ihn niemals ansehen würde, da er sonst würde verschwinden müssen. Eines Nachts jedoch konnte Psyche der Versuchung nicht widerstehen, das Gesicht ihres Geliebten zu sehen, und sie betrachtete ihn in all seiner göttlichen Herrlichkeit, während er schlief. Als etwas Wachs von Psyches Kerze versehentlich auf Eros' Schulter fiel, erwachte er und musste die Frau, die er liebte, verlassen. Es verstieß gegen das göttliche Gesetz, dass ein Gott eine Sterbliche heiratete.

Psyche war verzweifelt und beschloss, den Rest ihrer Tage mit der Suche nach ihrem Ehemann zuzubringen. Sie vermutete ihn im Haus seiner Mutter und wandte sich daher angstvoll an Venus, die Göttin der Schönheit. Venus hasste Psyche, weil es auf der Erde hieß, dass ihre Schönheit größer als die der Venus sei, und Venus hatte viele ihrer Verehrer an diese Sterbliche verloren. Auf ihrer Suche nach dem Geliebten ließ Psyche jedoch Konkurrenzdenken und Angst außer Acht und flehte die Mutter ihres Mannes an, sie zu ihm zu lassen. Psyche bot an, für den Rest ihres Lebens Venus' Sklavin zu sein, wenn sie nur Eros wiedersehen könne.

Aus Rache beschloss Venus, Psyche nahezu unlösbare Aufgaben zu stellen, die sie erfüllen musste, um ihre Liebe zu ihrem Mann unter Beweis zu stellen. Die erste Aufgabe bestand darin, vor Einbruch der Nacht einen Korb voll kleinster Weizen-, Hirse- und Mohnsamen zu sortieren. Falls es ihr nicht gelang, musste Psyche mit dem unbarmherzigen Zorn der Venus rechnen. Es war eine unlösbare Aufgabe, aber Psyche nahm sie dennoch in Angriff. Während sie gewissenhaft die einzelnen Samen herauslas, wurde sie von einer Schar Ameisen beobachtet, die Mitleid mit dem liebeskranken Mädchen hatten. Sie marschierten in den Korb und begannen, die Samen auf drei separate Haufen zu verteilen. Als Venus in dieser Nacht zurückkehrte, traute sie ihren Augen nicht – die Aufgabe war erfüllt worden.

Am nächsten Tag beschloss Venus, Psyche auf ein gefährliches Abenteuer zu schicken: Sie sollte goldene Wolle von einer besonders gefährlichen Schafrasse holen. Venus wusste, dass die Schafe jeden angriffen, der sich ihnen näherte. Psyche zitterte vor Angst, als sie sich dem Gebüsch näherte, in dem sie weideten. In ihrer Verzweiflung beschloss Psyche, näher heranzugehen, auch wenn es sie das Leben kosten sollte. Doch gerade in diesem Augenblick hörte sie ein Schilfrohr nach ihr rufen. Das Schilfrohr riet ihr, bis zum Einbruch der Dämmerung zu warten. Dann würden sich die Schafe am Wasser zur Ruhe begeben, und sie könne dann Wolle an den Zweigen des Gebüschs finden. Das tat sie und konnte ihre Schwiegermutter erneut überraschen.

Die nächste Aufgabe bestand darin, magisches schwarzes Wasser aus der Quelle eines Wasserfalls zu holen, die hoch oben am Himmel entsprang. Es war einem Menschen nicht möglich, eine solche Höhe zu erreichen, aber Psyche fand abermals einen Retter. Diesmal sah sie ein Adler den Berg erklimmen, nahm ihr Gefäß und flog damit zur Quelle.

So erfüllte Psyche alle Aufgaben mithilfe der Elemente und Tiere, die sie glücklich sehen wollten. Eros spürte schließlich Psyches Sehnsucht nach ihm und erkannte, dass er keine andere so sehr lieben konnte wie Psyche. Er nahm die Angelegenheit in die Hand und flog zum Olymp, dem Sitz der Götter. Dort wandte er sich an Jupiter, den Göttervater, und bat ihn um Hilfe. Jupiter konnte die Gefühle der beiden Liebenden nicht leugnen und erklärte Psyche offiziell zur Göttin der Seele. Er gab ihr die Ambrosia, die ihr ewiges Leben verlieh.

So wurden Eros und Psyche – Liebe und Seele – durch göttlichen Beistand und die Hilfe der Natur in alle Ewigkeit vereint.

Das höchste Ziel der Liebe besteht nach den meisten spirituellen Traditionen darin, das Göttliche zu erahnen. Liebe öffnet ein Fenster zu Gott, zum Frieden und zur reinen Freude. Wenn wir uns in unsere Kinder oder einen Partner verlieben, begeben wir uns auf die gefühlvollste und intensivste Reise unseres Lebens. Die klassische griechische Sage von Psyche und Eros zeigt uns, welche heiligen Belohnungen wir erhalten, wenn wir mit reinem Herzen lieben.

Wenn Gott durch tägliches Baden erkennbar würde,
wäre ich am liebsten ein Wal in der tiefen See.
Wenn er durch das Verzehren von Früchten und Wurzeln sichtbar würde,
nähme ich gern die Form einer Ziege an.
Wenn er sich durch das Zählen der Rosenkranzperlen offenbarte,
würde ich meine Gebete mit Riesenperlen sprechen.
Wenn er sich durch Verbeugungen vor steinernen Bildnissen enthüllte,
würde ich demutsvoll einen harten Berg anbeten.
Wenn man durch Trinken von Milch des Herrn ansichtig werden könnte,
würden ihn viele Kälber und Kinder kennen.
Wenn man Gott herbeirufen könnte, indem man seine Frau verlässt,
würden nicht Tausende zu Eunuchen werden?
Mirabai weiß, dass das Einzige, was wirklich nötig ist,
um den Erhabenen zu finden, die Liebe ist.

Verse der Mirabai

70

Ich verspreche, dir die Kraft der Veränderung zu zeigen, die von der Liebe ausgeht.

Nachdem mein Großvater gestorben war, erzählte mein Onkel, Chota Papa, meiner Familie eine Geschichte über seine Eltern.

Mein Großvater war Arzt in der Armee, sodass seine Familie – meine Großmutter, mein Vater und Chota Papa – alle paar Jahre in ein anderes Dorf oder eine andere Stadt umziehen mussten. Einmal zogen sie in ein abgelegenes Dorf, in dem westliche medizinische Versorgung selten war.

Innerhalb von Tagen nach ihrer Ankunft verbreitete sich die Kunde von den Wundern, die mein Großvater zu wirken vermochte. Mit den verschiedensten Mitteln – von einfachen Medikamenten und Injektionen für Dorfbewohner, die noch nie mit westlicher Medizin in Berührung gekommen waren, bis hin zu Operationen und der Behandlung häufiger Erkrankungen – rettete mein Großvater jeden Tag Hunderte von Leben. Viele Menschen – reiche und arme, junge und alte – warteten vor seiner aus einem Raum bestehenden Praxis, nachdem sie Hunderte von Kilometern zu Fuß, mit Ochsenkarren, Motorrad, Bus oder Auto angereist waren. Obwohl er mehr als 14 Stunden am Tag arbeitete, konnte er nur eine bestimmte Anzahl Patienten pro Tag sehen, und viele warteten tagelang. Aber sie glaubten fest daran, dass dieser großartige Arzt sie heilen würde, und warteten daher geduldig darauf, dem berühmten Mann zu begegnen. Daddy war zu allen immer freundlich und sanft, und seine Gegenwart an sich trug schon zu ihrer Heilung bei.

Viele der Menschen, die meinen Großvater aufsuchten, waren arm, hungrig und hatten kaum genug zum Überleben. Chota Papa erzählte, dass mein Großvater diesen Patienten nie eine Rechnung stellte, sie aber mit derselben Würde und Sympathie behandelte wie den reichsten Mann der Stadt. Er verbrachte genauso viel Zeit mit ihnen und verzichtete auf kein Medikament, auch wenn er es aus eigener Tasche bezahlen musste. Meine Großmutter gab den Menschen während der Wartezeit und vor ihrer Abreise zu essen, und oft schenkte sie ihnen sogar Geld, damit sie in ihrem geschwächten Zustand nicht zu Fuß nach Hause gehen mussten.

Nach drei Jahren wurde Daddy in ein anderes Dorf versetzt. Chota Papa erinnerte sich noch an den Weg zum Bahnhof. Er berichtete von einer riesigen Menschenmenge, die gekommen war, um meiner Großmutter und meinem Großvater die Ehre zu erweisen und sich von ihnen zu verabschieden. Die Bahnmitarbeiter mussten die Menschen, bei denen diese Abreise so starke Gefühle weckte, buchstäblich zurückhalten. Daddy hatte so viele Menschen berührt und gerettet, dass Tausende auf dem Bahnsteig standen, um einen letzten Blick auf ihren Helden werfen zu können, bevor er sie verließ. Er war ein Heiler, der einem ganzen Dorf eine neue Sicht des Lebens, des Mitgefühls und der Nächstenliebe vermittelt hatte.

Anregung

Denken Sie darüber nach, welche Akte der Nächstenliebe Sie und Ihr Kind den Menschen in Ihrem Umfeld anbieten können.

Sinn

Wie du den Sinn des Lebens
finden kannst

71

Ich verspreche, immer daran zu denken, dass ich durch dich Erfüllung und Zuversicht gefunden habe.

Viele Jahre beschäftigte ich mich mit der Frage, was ich mit meinem Leben anfangen solle. Ich entdeckte interessante Möglichkeiten und Jobs, die gut für meinen Lebenslauf waren. Ich war immer beschäftigt und schaffte es sogar, bei einer der besten Managementschulen des Landes aufgenommen zu werden. Aber ich war immer unsicher in Bezug auf meine Fähigkeiten und fragte mich, ob ich begabt oder intelligent genug sei, um etwas Anspruchsvolleres zu tun, und ob meine Routinearbeit für mein Leben und die Welt im Allgemeinen von Bedeutung war.

Während wir heranwuchsen, hatte man uns immer beigebracht, dass jeder von uns eine bestimmte Aufgabe im Leben hat und dass man – wenn man etwas mit Leidenschaft tut – die Zeit vergisst und Erfüllung findet und durch die Dynamik des Ziels, das man verfolgt, neue Energie erhält. Diese Philosophie belastete mich zeitweise, weil ich bis vor kurzem nicht das Gefühl hatte, dass ich eine bestimmte Aufgabe im Leben zu erfüllen hatte. Ich stand unter dem Druck, etwas Wichtiges, Kreatives und Inspirierendes zu tun, glaubte aber tief in meinem Innern nicht an meine eigene Kreativität, Inspiration oder Leistungsfähigkeit.

Erst als ich Mutter wurde, erkannte ich, dass ich dem Rest der Welt nichts beweisen musste. Plötzlich hatte ich das Gefühl, dass die Liebe zu meinem Kind die wichtigste, realste und stärkste Motivation der Welt war. Zu umsorgen, zu geben, zu lehren, zu teilen, zu lieben – das waren die wichtigsten Ziele, die es zu erreichen galt. Ich gab mich der Liebe hin, die mein Baby in meinem Herzen weckte, und plötzlich begannen die Hürden, die ich mir im Lauf der Jahre selbst aufgebaut hatte, zu fallen.

Indem ich mich dieser Liebe hingab, begann ich mich kreativ, inspiriert und leistungsfähig zu fühlen. Zum ersten Mal hatte ich das Bedürfnis, mich auf eine nie gekannte Weise auszudrücken – durch Worte, kreative Projekte und gemeinsames Tun mit anderen. Plötzlich hatte meine Arbeit Sinn und Bedeutung, weil sie ihren Ursprung in einem Gefühl echter Liebe und Fürsorge hatte.

Anregung

Was tun Sie wirklich gerne? Was ist Ihre wahre Leidenschaft? Denken Sie darüber nach, wie Sie Ihr Kind dabei unterstützen können, seine Leidenschaften zu entdecken und zu pflegen.

72

Ich verspreche, dich zu lehren, dass jeder Mensch eine ganz besondere und wertvolle Aufgabe hat.

Es war einmal ein Fährmann, der einen berühmten Professor in seinem kleinen Boot über eine Bucht ruderte. Der einfache Fährmann hatte großen Respekt vor dem Professor, der auf der ganzen Welt für seine Erkenntnisse im Bereich der Philosophie, Astronomie und Naturwissenschaften bekannt war. Der Fährmann gab sich alle Mühe, die Bootsfahrt so bequem wie möglich zu gestalten. Aber es war eine raue Nacht, und das Boot schwankte hin und her und auf und ab.

Der Professor genoss die Schönheit der Bucht, während das Boot auf den hohen Wellen schaukelte. Er fühlte den Rhythmus des Wassers und sagte: »Wenn man bedenkt, wie die Schwerkraft, eine Kraft, die wir nicht einmal sehen können, einen solchen Aufruhr im Wasser erzeugen kann, staunt man über die Kräfte der Natur. Finden Sie nicht auch, Fährmann?«

Der Fährmann hatte, abgesehen von der Wetterbeobachtung zur Bestimmung der Fahrbedingungen, nie wirklich über Wellen nachgedacht. Er zuckte die Achseln und lächelte ein wenig verlegen. Der Professor verdrehte beinah die Augen, als er bemerkte: »Sicher wundern Sie sich doch auch darüber, dass die Gesetze der Schwerkraft eine solche Symphonie der Bewegung auslösen können?« Der Fährmann ruderte schweigend weiter und fühlte sich etwas gedemütigt, weil er die Gesetze der Schwerkraft nicht kannte.

Etwas später zeigte der Professor zum weiten Himmel und den funkelnden Sternen hinauf. »Was glauben Sie, wie viele Lichtjahre das Sternbild Orion von uns entfernt ist, Fährmann?«, fragte er. »Können Sie mir sagen, wie lange es dauern würde, diese Sterne zu erreichen?«

Der Fährmann sah ihn an und verstand die Frage nicht ganz. Ihm halfen die Sterne, sich auf dem weiten Ozean zu orientieren und die Zeit zu bestimmen. Er hatte noch nie in einem anderen Zusammenhang über Sterne nachgedacht. Er rutschte unbehaglich hin und her, als der Professor fragte: »Haben Sie sich je gefragt, wie viel Lebenszeit Sie dadurch verschwendet haben, dass Sie nicht über die tieferen Fragen des Universums nachgedacht haben?«

Der Fährmann antwortete schlicht: »Nein, mein Herr.« Inzwischen fühlte er sich sehr unzulänglich und war auch ein wenig wütend. Er konzentrierte sich darauf, so schnell wie möglich die Bucht zu durchqueren.

Da kam ein Windstoß. Der Professor, der damit beschäftigt war, die nächste Frage zu formulieren, die er an den armen Fährmann richten wollte, rutschte aus und fiel im nächsten Augenblick aus dem Boot ins Meer.

Der Professor schlug wild um sich, während er darum kämpfte, über Wasser zu bleiben. »Fährmann, Fährmann, helfen Sie mir, ich kann nicht schwimmen!«, rief er. Der Fährmann sah auf den zappelnden Professor hinunter und rief: »Aber Professor, es kann doch nicht sein, dass Sie nicht schwimmen gelernt haben! Was für eine bedauerliche Verschwendung von Lebenszeit das wäre!«

Der Fährmann ließ den Professor noch eine Weile herumrudern, bevor er ins Wasser sprang und ihn an Bord des Bootes zurückhievte. Der Professor zitterte vor Kälte und saß nun schweigend da, während sie die Fahrt über das Wasser fortsetzten.

Ein wichtiger Aspekt des Lebenszwecks ist die Erkenntnis, dass jeder von uns besondere Talente hat, die er der Welt zur Verfügung stellen kann. Diese Sufi-Geschichte führt uns vor Augen, wie wichtig es ist, die besonderen Gaben, die jeder von uns in die Welt mitbringt, zu akzeptieren und zu würdigen.

73

Ich verspreche, dir dabei zu helfen, dein Potenzial voll auszuschöpfen.

Als Kind fand ich einmal eine kleine Raupe auf dem Fenstersims vor meinem Zimmer. Auf der Suche nach Nahrung und einem Unterschlupf kroch die Raupe über den langen Holzbalken und konzentrierte sich dabei auf eine Schar kleiner roter Ameisen, die am anderen Ende herumliefen. Das Geschöpf nistete sich dann in der Ecke des Fensterrahmens ein und hüllte sich in einen kleinen Kokon. Ich fragte mich, wie es wäre, ein kleines, warmes Zuhause für mich zu bauen, das vor dem Rest der Welt verborgen war.

Wie verletzlich meine kleine Raupe zu sein schien. Ich beobachtete Tag für Tag, wie ihr kleines Zuhause vom Wind geschüttelt, vom Regen durchnässt und von der Sonne erwärmt wurde. Ich sah zu, wie eine Hummel es umkreiste und eine Ameisenschar daran vorbeimarschierte. Ich klopfte gegen das Fenster, als ich einen Specht auf dem Balken landen und seine Aufmerksamkeit auf meine kleine Freundin richten sah. Tag für Tag wartete ich darauf, dass etwas geschehen würde.

Und dann sah ich eines Morgens bei Sonnenaufgang hinaus und bemerkte, dass sich der Kokon ganz leicht bewegte. Langsam, leise, sanft und wie in einem Tanz öffneten sich die sorgfältig verwobenen Fäden der Welt. Mit jeder Minute, die verstrich, konnte ich beobachten, wie ein wunderschöner Schmetterling seinem schützenden Zuhause entschlüpfte. Mühelos breitete er seine Flügel aus, ein von feinen Linien durchzogenes Farbmosaik, und entwich mit einem schnellen Flügelschlag in die Freiheit.

In einem Augenblick, mit einem schnellen Atemzug, war er verschwunden.

74

Ich verspreche, deine Stärken zu fördern und dir zu helfen, deine wahre Erfüllung zu finden.

Während Gotham und ich heranwuchsen, hatte Bildung für meine Eltern die höchste Priorität. Das bedeutete nicht nur, dass wir gute Schulen besuchten, sondern auch, dass wir mit großer Literatur, Mythologie, Kunst und Geschichte in Berührung kamen und Reisen unternahmen – soweit es ihre begrenzten Finanzen zuließen. Zweifellos machten unsere Eltern uns klar, dass es wichtig war, zu lernen und gute Noten zu bekommen, aber sie waren auch der Meinung, dass eine ganzheitliche Erziehung bedeutete, das Leben voll auszuschöpfen. Sie wollten, dass wir viele verschiedene Menschen kennen lernten, dass wir andere Religionen verstanden, indem wir wichtige Texte lasen und Kirchen, Synagogen, Moscheen und Tempel besuchten, und andere Länder bereisten, damit wir etwas über ihre Geschichte und Kultur erfahren konnten.

Vor allem aber verbrachten unsere Eltern viel Zeit damit, uns zuzuhören, unsere Interessen zu beobachten und unsere Stärken und Leidenschaften zu fördern. Gotham war nicht so sehr an Mathematik und Naturwissenschaften wie an Mythologie, Geschichten von Königen und Kriegern und Heldensagen interessiert. Unsere Eltern widerstanden der Versuchung, ihn Nachhilfe in Mathematik und Naturwissenschaften nehmen zu lassen, sondern förderten seine Liebe zum Geschichtenerzählen. Sie kauften ihm Comicbücher und planten Reisen zu großen Festungen in Indien oder zum Orakel von Delphi in Griechenland. Sie halfen Gotham, Geschichten zu schreiben und unterstützten ihn darin, seine Kreativität und Phantasie zum Ausdruck zu bringen.

Wenn wir schlechte Noten nach Hause brachten, schimpften unsere Eltern nicht mit uns, sondern sprachen mit uns darüber, weshalb wir unserer Meinung nach keine gute Leistung erbracht hatten. Lag es daran, dass wir kein Interesse an dem betreffenden Thema hatten? Zogen wir es vor, uns mit etwas anderem zu beschäftigen? Sie forderten uns auf, auf andere Weise an das Thema heranzugehen, stellten einen Bezug zu einem höheren Zweck oder einer unterhaltsamen Aktivität her. Wenn wir uns dennoch nicht durch Logarithmen oder die Anatomie des Frosches inspirieren ließen, ließen unsere Eltern es auf sich beruhen. Dadurch entwickelten Gotham und ich ein Gefühl der Sicherheit in Bezug auf unsere eigenen Interessen und Begabungen.

Ich erinnere mich, wie ein Freund meines Vaters klagte, dass sein Sohn nur an Musik interessiert sei und sich nicht auf seine Hausaufgaben in Mathematik konzentriere. Nach verzweifelten Versuchen mit Nachhilfeunterricht hatte sich sein Sohn schließlich geweigert, überhaupt noch am Mathematikunterricht teilzunehmen. Sein Vater war versucht, ihm seine Gitarre wegzunehmen, wenn er sich nicht zwei Stunden am Tag der Mathematik widmete. Mein Vater dagegen riet seinem Freund, es auf sich beruhen zu lassen, und erklärte ihm, dass sein Sohn die Mathematik vielleicht durch den Rhythmus der Musik entdecken werde. Am Ende wurde der Junge ein begabter und sehr erfolgreicher Musiker. Es fiel ihm nicht schwer, einen Steuerberater dafür zu bezahlen, dass er seine Finanzen verwaltete.

Eines der wirkungsvollsten Dinge, die wir als Eltern tun können, ist es, unseren Kindern zuzuhören und Möglichkeiten zu finden, ihre besonderen Begabungen zu fördern. Indem wir ihnen das Selbstvertrauen geben, ihren Leidenschaften nachzugehen, helfen wir ihnen, ein erfüllteres Leben zu führen und auch das Leben der Menschen in ihrer Umgebung zu bereichern.

Anregung

Erkennen Sie bei Ihrem Kind eine besondere Begabung? Nehmen Sie sich vor, diese Begabung zu fördern und auch auf neue Interessen und Leidenschaften einzugehen.

75

Ich verspreche, dir zu zeigen, wie du Wohlstand schaffen kannst.

Lakshmi ist die Göttin des Wohlstands und des Glücks. Aus einem Ozean von Milch geboren, ist sie die Verkörperung der Schönheit und wird von allen Göttern begehrt. Lakshmi verhielt sich ihren Verehrern gegenüber recht launisch und war die Geliebte, Ehefrau und Gefährtin vieler Götter. Ihr Verhalten lehrt uns, dass auch Wohlstand als etwas Flüchtiges gilt und nicht für selbstverständlich gehalten werden sollte. Dennoch ehren wir Lakshmi an Diwali, indem wir Kerzen anzünden, damit sie unser Haus segnet und unserer Familie im neuen Jahr Glück und Wohlstand bringt.

Saraswati ist die Göttin der Rede, Weisheit und Kommunikation. Zusammen mit ihrem Mann, Brahma, brachte sie die vier großen Vedas hervor, die Abhandlungen über alles Wissen, und sie ist die Mutter von Künstlern, Schriftstellern und Musikern. Saraswati gilt als unbefleckte Göttin, die reines Wissen und Weisheit anbietet. Ihre Aufmerksamkeit verlangt keine Festlichkeiten und keinen Pomp und sie gilt als Stimme der Gelassenheit in der Welt.

Ein junger Mann ging einmal zu einem Lehrer in den Wäldern, um etwas über die Geheimnisse unbegrenzten Wohlstands zu erfahren und damit der Welt zu helfen. Der

Lehrer erzählte ihm von Lakshmi und Saraswati und erklärte ihm, dass beide von jedem Menschen geliebt und begehrt werden. Dann enthüllte er ihm ein wichtiges Geheimnis über ihre wahre Natur. Er sagte dem jungen Mann, wenn er Saraswati von ganzem Herzen liebe, werde Lakshmi eifersüchtig werden und seine Aufmerksamkeit zu erringen versuchen, indem sie ihm Glück und Wohlstand schenke.

Deshalb sagt uns die spirituelle Tradition der Hindus, dass wir immer zuerst nach Wissen streben sollten, weil der Wohlstand dann von ganz allein folgt. Wenn wir uns für eine Tätigkeit oder berufliche Laufbahn entscheiden, sollten wir es um der intellektuellen, spirituellen und emotionalen Erfüllung willen tun, die sie uns gibt. Erfolg und Wohlstand ergeben sich dann daraus auf ganz natürliche Weise.

76

Ich verspreche, dir zu zeigen, worauf wahre Führungsqualitäten beruhen.

Eine meiner engsten Freundinnen, Grace Rwaramba, erzählte mir folgende Geschichte.

Grace war nach Uganda zurückgekehrt, um ihre Mutter zu besuchen, die sterbenskrank war. Grace wusste, dass sie ihre Mutter zum letzten Mal sehen würde, und es war daher für die ganze Familie eine sehr bewegende Reise. Grace' Mutter war eine großartige Frau, Mutter von zwölf Kindern und Oberhaupt einer Gemeinschaft, die bei ihr Rat und Beistand suchte. Sie war die typische afrikanische Matriarchin, die in ihrem Umfeld durch Liebe, Mitgefühl und Weisheit eine wichtige Rolle spielte.

Während dieser Reise in die Heimat beschloss Grace, ihr Geburtsland Ruanda zu besuchen, das ihre Mutter als ihre Heimat betrachtete. Grace besuchte den Geburtsort ihrer Mutter, um ihr eine Ehre zu erweisen. Als sie dort eintraf, war sie über die schreckliche Armut entsetzt. Sie war bald von Kindern umringt, die sie berühren wollten. Aus den Augen der Kinder, die an ihrem Kleid zogen, sprach ein tiefes Wissen. Ihre dunklen, fein geschnittenen Gesichter waren schön, wirkten aber auch frühzeitig gealtert. Ihre Körper waren knochig, die Unterernährung zeigte sich im gehemmten Wachstum und in ihrem Gang. Aber trotz ihrer offenkundigen Not lachten und spielten die Kinder, während sie um einen guten Platz stritten, von dem aus sie Grace berühren, ihr Fragen stellen und um Geld oder neues Spielzeug betteln konnten.

Ein Junge fiel Grace besonders auf. Er sah aus, als ob er zehn Jahre alt sei, aber Grace vermutete, dass er älter sein könne, vielleicht 14. Im Gegensatz zu den anderen Kindern, die spielten und sie anbettelten, war dieser Junge sehr ernsthaft. Er bat Grace in eine Ecke zu kommen, damit er allein mit ihr sprechen könne. Als Grace sich anschickte, ihm zu folgen, bemerkte dies ihr Fahrer, der im Auto gewartet hatte, und kam herbeigelaufen, um den Jungen wie einen streunenden Hund, der lästig wurde, wegzuscheuchen.

Grace ging dennoch zu ihm und fragte ihn nach seinem Anliegen. Der Junge bat sie höflich um ihr Kleid. Als er das ausgesprochen hatte, lachten die anderen Kinder und begannen sich über ihn lustig zu machen. Grace lachte ebenfalls und erklärte ihm, dass sie nicht mitten im Dorf ihr Kleid ausziehen könne. Außerdem war es ein recht billiges Kleid, das sie auf einem Flohmarkt gekauft und auf die Reise mitgenommen hatte, weil sie wusste, dass es wahrscheinlich verschlissen würde. Als Grace lachte, stiegen dem Jungen Tränen in die Augen, und er lief gedemütigt davon.

Der Fahrer zog Grace mit sich und erklärte, dass die Kinder wie Fliegen seien und sie ihre Bitten einfach ignorieren solle. Aber der gekränkte Blick des Jungen verfolgte Grace, und sie konnte nicht den flehenden Klang seiner Stimme vergessen, mit der er seine merkwürdige Bitte vorgetragen hatte.

Grace bat den Fahrer, durch die Gasse zu fahren, die der Junge entlanggelaufen war. Nachdem sie eine Weile nach ihm gesucht hatten, fanden sie ihn in einer Ecke versteckt. Grace stieg aus und rief ihn, aber er lief sofort weg. Sie rannte ihm nach und erregte damit die Aufmerksamkeit anderer Dorfbewohner, die die Verfolgungsjagd beobachteten. Bald wurde der Junge von einer größeren Gruppe verfolgt, da man annahm, er habe der Besucherin etwas gestohlen. Als man ihn einholte, begannen die Jungen in der Gruppe ihn herumzustoßen, bis Grace sie daran hinderte und erklärte, dass er ihr Freund sei.

»Warum willst du mein Kleid?«, fragte Grace den Jungen. Jetzt lachte die ganze Menschenmenge über ihn, und der kleine Junge reagierte nicht auf ihre Frage. Er bat sie mit ruhiger Stimme noch einmal darum, ihm das Kleid zu geben, was wieder Gelächter von den Umstehenden hervorrief. Grace nahm ihn beiseite und sagte ihm, dass sie ihn morgen zu einer bestimmten Zeit an derselben Straßenecke treffen und ihm dann das Kleid aushändigen könne. Er schenkte ihr einen dankbaren Blick.

Als Grace am nächsten Tag mit dem Kleid in einer Plastiktüte zu der vereinbarten Stelle kam, fand sie den Jungen zusammengerollt in einer Ecke. Er war während des Wartens eingeschlafen. Sie fragte, wie lange er gewartet habe, und er antwortete, er sei gar nicht weggegangen. Da er keine Armbanduhr hatte und sie nicht verpassen wollte, war er an derselben Stelle geblieben, bis sie zurückkehrte.

Als Grace ihm das Kleid übergab, bedankte er sich leise. Wieder fragte sie ihn, warum er ihr Kleid haben wolle.

Der Junge antwortete: »Meine Mutter stirbt und ich

möchte sie in diesem schönen Kleid beerdigen. Bevor sie krank wurde, sah sie fast so wie Sie aus. Darum dachte ich, dieses Kleid sei perfekt für ihre Reise in den Himmel.«

Er erzählte ihr, dass seine Mutter jetzt genauso aussehe wie sein Vater ausgesehen habe, bevor er gestorben sei. Beide hatten AIDS und er wusste, dass sie jeden Tag sterben konnte. Grace war von Gefühlen überwältigt und dachte an ihre eigene Mutter und daran, wie viel sie mit diesem kleinen Jungen gemeinsam hatte. Sie begann hemmungslos zu weinen.

Der Junge umarmte sie. »Schauen Sie, Sie müssen nicht um meine Mutter weinen. Sie hat in ihrem Leben so viel Gutes getan. Sie hat mich hervorgebracht. Ich bin das älteste ihrer Kinder und daher ist es meine Aufgabe, mich um sie und meine Geschwister zu kümmern. Passen Sie nur auf. Ich schaffe das. Ich schaffe alles. Eines Tages werde ich Präsident sein und mich um mein Volk kümmern, wie ich mich jetzt um meine Mutter und meine Familie kümmere. Passen Sie nur auf.«

Grace nahm sich zusammen, verabschiedete sich von dem Jungen und sah ihm nach, als er mit der Plastiktüte davontrottete. Sie wusste, dass sie einem großartigen Jungen begegnet war, einer Führernatur, die sich in ihrem Leben um viele andere kümmern würde.

77

Ich verspreche, dich zu lehren, leidenschaftlich für die Wahrheit zu kämpfen.

Während meines Managementstudiums organisierte ich eine Reise nach Südafrika, damit meine Kommilitonen und ich etwas über das Land und die Menschen, die Traditionen und natürlich derzeitige und zukünftige Geschäftschancen erfahren konnten.

Unsere Reise nach Südafrika hatte viele Höhepunkte, aber der eindrucksvollste Moment war für mich der Besuch auf Robben Island, wo Nelson Mandela 27 Jahre lang inhaftiert gewesen war. Wir hatten das Glück, von Ahmed Kathrada, einem Freiheitskämpfer, der am selben Tag wie Präsident Mandela wegen Landesverrats verurteilt worden war, zur Insel begleitet zu werden. Herr Kathrada, ein älterer Herr Ende 70, kam mit 36 Jahren ins Gefängnis. Er war der jüngste Angeklagte, der im berühmten Rivonia-Prozess verurteilt wurde, und der einzige Asiate aus der Gruppe.

Unsere Führung durch das Gefängnis hatte etwas Surreales. Er erzählte uns Geschichten von ihren fast drei Jahrzehnten im Gefängnis und einer Revolution, die das Gesicht dieser dynamischen Nation verändert hatte. Wir hatten alle *Der lange Weg zur Freiheit*, Nelson Mandelas Autobiografie, gelesen, aber es war wirklich bemerkenswert, über das Gefängnisgelände zu gehen, während Herr Kathrada uns zeigte, wie sie auf Reispapierschnipseln in winziger Handschrift Notizen für das Buch gesammelt und sie dann in markierten Löchern in den Felsen verborgen hatten, bis sie von entlassenen Häftlingen mit hinausgenommen wurden.

An diesem sonnigen Tag fiel es mir schwer zu begreifen, wie groß das Opfer war, das diese Männer auf Robben Island gebracht hatten, bis Herr Kathrada sehr bewegt darüber sprach, wie sehr sie das Zusammensein mit Kindern vermisst hatten. Können Sie sich eine Welt ohne die Rufe und das Lachen von Kindern vorstellen? Er beschrieb das wunderbare Gefühl, als er nach 23 Jahren der Entbehrung ein Kind im Arm halten durfte.

Es waren die dramatischsten Augenblicke unseres Zusammenseins, als Herr Kathrada voller Überzeugung und Leidenschaft von der Sache sprach, für die sie gekämpft hatten. Ich bekam eine Gänsehaut, als er von der Kameradschaft zwischen Fremden sprach, die sich zu einem Kampf zusammengefunden hatten, für den sie sogar bereit waren, ihr Leben zu opfern. Die Gefangenen auf Robben Island und viele Menschen in Südafrika glaubten fest daran, dass Gleichheit ein Menschenrecht ist. Sie ließen sich durch jahrzehntelange Unterdrückung innerhalb und außerhalb von Gefängnismauern nicht beirren.

Am eindrucksvollsten aber war an diesem Nachmittag, dass Herr Kathrada trotz seines lebenslangen Kampfes keinen Hass auf weiße Südafrikaner oder die Welt, die ihren Kampf so lange ignoriert hatte, empfand. Kathrada, Nelson Mandela und andere südafrikanische Führer, übernahmen die Macht im Geiste der Aussöhnung und Einheit und mit dem Wunsch, ein geschundenes Land wieder aufzubauen. Eine solche Vision der Gerechtigkeit und Vergebung kündet von Liebe, Frieden und absoluter Wahrheit.

78

Ich verspreche, dir zu helfen, deine Wertvorstellungen mit deinen Lebenszielen in Einklang zu bringen.

Mit 23 Jahren beschloss ich, in der Unterhaltungsbranche zu arbeiten. Nachdem ich mich einige Monate lang intensiv um verschiedene Positionen bemüht hatte, erhielt ich die großartige Chance, als erste Repräsentantin für einen amerikanischen Musikkanal in Indien tätig zu sein.

Ich lebte mehrere Monate in einem Hotel in Bombay und beschloss dann in das Haus meines Großvaters in Delhi zu ziehen, damit ich mehr mit meiner Familie zusammen sein konnte. Ich war in ganz Indien unterwegs und unterstützte alle Abteilungen des Unternehmens bei ihren Aktivitäten in Indien, einschließlich Marketing, Produktion, Anzeigenverkauf, geschäftlicher Entwicklung und Beziehungen zu Behörden. Am meisten Spaß machten die Besuche in Nachtclubs und bei Konzerten in aufregenden Städten wie Delhi, Bombay und Bangalore. Es war ein tolles Gefühl, wenn ich mit meinem Namensschild kostenlosen Zutritt zu jedem Club bekam. Es war eine großartige Erfahrung, bei der ich Spaß hatte und unglaublich viel darüber lernte, wie man Inhalte verpackt, Verträge strukturiert und ganz allgemein Geschäfte abschließt.

Aber eines Tages löste sich meine ganze Begeisterung für meinen Job in Luft auf. Ich war mit einigen anderen Führungskräften unseres Fernsehsenders, die gerade Indien besuchten, im Auto unterwegs. Wir hatten einige sehr erfolgreiche Besprechungen mit Werbeagenturen hinter uns und planten zur Feier des Tages ein Essen in einem neuen Restaurant. Während wir über unseren Erfolg sprachen, verdichtete sich der Verkehr, und unser Fahrer bog in eine Gasse ab, um den Weg abzukürzen.

Bald fuhren wir durch die Slums. Von Behausungen konnte kaum die Rede sein. Nackte Kinder spielten, von Fliegen umschwärmt, im Dreck. Schweine und Kühe liefen durch die heruntergekommenen Straßen. Rudel von Hunden wanderten auf der Suche nach Nahrung umher. Unsere angeregte Unterhaltung kam ins Stocken. Die Realität der Armut vor unseren Augen war so niederschmetternd, dass sich jeder von uns seinen eigenen Gefühlen der Schuld und Hilflosigkeit hingab. Es herrschte völliges Schweigen im Auto.

Plötzlich fuhr einer meiner Kollegen in seinem Sitz hoch und machte uns begeistert auf einen kleinen Verkaufsstand am Straßenrand aufmerksam, an dem ein Fernsehgerät von der Decke hing. Eine Gruppe von Kindern, manche von ihnen nackt, andere in zerrissenen Kleidern, alle barfuß, standen vor dem Fernsehgerät oder kauerten am Boden und starrten es mit offenem Mund an. Auf dem Bildschirm waren amerikanische Jugendliche in Bikinis, Shorts und Miniröcken zu sehen, die sich zur Musik bewegten. Rechts unten am Bildschirm drehte sich das Logo unseres Musikkanals. Meine Kollegen jubelten, als sie das Logo sahen, und waren total begeistert. Welch ein Erfolg! Die Unterhaltung belebte sich wieder, während sie einander zu einem gut erledigten Job gratulierten und die Planung für das Abendessen fortsetzten.

Ich aber saß in entsetztem Schweigen. In diesem Augenblick ging mir auf, welche Rolle ich dabei spielte, das Gesicht Indiens und der Welt zu verändern. Ich hatte zwar das Gefühl, dass dieser gesellschaftliche Wandel nicht aufzuhalten war, aber stolz war ich nicht darauf.

Ich erkannte, dass Indien, das Land alter Traditionen, der Geschichtenerzähler, der Mythologie und Spiritualität, von einer neuen Art von Eindringling kolonialisiert wurde. Dieser Kolonialherr bemächtigte sich der Essenz unserer Werte und Identität. Medien und Unterhaltung waren die bevorzugten Waffen. Sie waren die wirkungsvollsten Mittel, weil sie die Werte, die Kultur und die Ziele einer gesamten Zivilisation veränderten. Plötzlich fühlte ich die schwere Last der Verantwortung, die ich bei diesem Kreuzzug trug.

An diesem Abend feierte ich beim Essen mit meinen Kollegen einen gut erledigten Job.

Am nächsten Morgen rief ich meinen Chef an und kündigte. Ich hatte beschlossen, dass es an der Zeit war, mich etwas Neuem zuzuwenden. Es war an der Zeit, die Welt auf eine Weise zu verändern, die meinen Überzeugungen entsprach.

79

Ich verspreche, dich Vertrauen zu lehren in deine angeborene Fähigkeit, zu heilen.

Ein junger Spaziergänger sah einen heiligen Mann an einem Flussufer stehen und mit einem Skorpion kämpfen.

Der heilige Mann war in das Wasser gewatet, als er sah, dass der Skorpion hineingerutscht war und zu ertrinken drohte. Aber als er nach ihm greifen wollte, stach ihn der Skorpion und er musste ihn vor Schmerz loslassen. Dann aber griff er erneut ins Wasser, um das Geschöpf aufzuheben, das ihm solchen Schmerz zugefügt hatte.

Der junge Mann beobachtete diesen scheinbar sinnlosen Vorgang mehrere Male und konnte es sich nicht verkneifen, sich einzumischen. Er trat zu dem heiligen Mann und sagte: »Bei allem Respekt, mein Herr, sehen Sie nicht, dass der Skorpion Sie immer wieder stechen wird? Es hat keinen Sinn, ihn retten zu wollen.«

Aber während der heilige Mann erneut nach dem Skorpion griff und dieser ihn wieder stach, sagte er zu dem jungen Mann: »Lieber Junge, es liegt in der Natur des Skorpions, zu stechen. Er fügt mir keinen Schaden zu. Ebenso wie es in seiner Natur liegt, zu stechen, liegt es in meiner

Natur, zu retten. Es liegt auch in meiner Natur, daran zu glauben, dass am Ende meine Absicht, ihn zu retten, triumphieren wird.«

Und so setzten der heilige Mann und der Skorpion ihr Drama fort und der junge Mann konnte nicht umhin zuzusehen. Zu seiner Überraschung gelang es dem heiligen Mann nach einigen weiteren Versuchen, den Skorpion an Land zu bringen. Nachdem er seine Aufgabe erledigt hatte, lächelte der heilige Mann dem Jungen zu und setzte seine Reise fort.

In vielen Kulturen gibt es den Glauben, dass es in unserer Natur liegt, zu lieben und uns selbst zu heilen. Manchmal werden wir davon abgelenkt und vergessen dieses Konzept, aber wenn wir wirklich auf unser Herz und unsere tiefsten Wünsche hören, können wir diese Liebe nicht leugnen. Als Eltern verstehen wir ihre Bedeutung, wenn wir in die Augen unserer Kinder sehen.

80

Ich verspreche, immer daran zu denken, dass es meine wichtigste Aufgabe ist, deine Mutter zu sein.

Wenn ich darüber nachdenke, welche Art von Mutter ich sein möchte, dann brauche ich nur an das leuchtende Vorbild meiner eigenen Mutter zu denken.

Meine Mutter ist die Verkörperung von Liebe, Mitgefühl und Fürsorge. Sie hat ihr Leben der Fürsorge für andere – ihre Kinder, ihren Mann, ihre Eltern und Geschwister, deren Kinder, andere Verwandte und ihre Freunde – gewidmet.

Meine Mutter bringt jeden Tag Opfer, aber sie lässt es nie jemanden wissen, dass sie diese Opfer bringt. Sie ist von ihrer Liebe für andere beseelt und nimmt sehr viel auf sich, um sicherzugehen, dass ihre Lieben gut versorgt sind.

Ihre Liebe ist geduldig, ausdauernd, stark und die stärkste Kraft im Leben der Menschen um sie herum. Sie hört uns zu, fordert aber nie, dass wir ihr zuhören. Sie gibt, fordert aber nie, dass wir geben. Aber wenn wir ihr etwas schenken, gibt sie uns das Gefühl, der wunderbarste Mensch der Welt zu sein.

Ich beobachte meine Mutter mit so viel Liebe und Stolz in ihrer Rolle als Großmutter. Sie spielt, lacht und singt mit ihren Enkeln. Sie behandelt sie als Individuen mit ihren eigenen Ideen, Gedanken und Wünschen. Sie spricht mit ihnen, lehrt sie etwas über die Welt, stellt Fragen und spielt stundenlang mit ihnen. Sie sorgt dafür, dass ich ausruhen oder arbeiten kann, und klagt nie, dass ich zu viel von ihr verlange.

Meine Mutter hat nie das Gefühl, sich für das, was sie ist oder tut, rechtfertigen zu müssen. Sie ist stolz darauf, Mutter zu sein.

Meine Mutter weiß, dass Mutter zu sein die weiblichste, anspruchsvollste, mitfühlendste, erfüllendste und wichtigste Aufgabe der Welt ist.

Anregung

Denken Sie einen Augenblick über Ihre Rolle als Mutter nach. Welche Qualitäten wollen Sie in dieser Rolle verkörpern?

Wunder

Erlebe den Zauber und
das Geheimnis des Universums

81

Ich verspreche, dir den Zauber der Natur und die Unendlichkeit des Universums zu zeigen.

Krishna war ein frecher kleiner Junge, der immer in Schwierigkeiten geriet und seine Mutter in Angst versetzte. Dennoch liebte Yashoda ihn von ganzem Herzen und tat sich schwer damit, ihn zu tadeln, weil sie tief in ihrem Innern wusste, dass er mehr als ein ungezogenes Kind war. Er war das Göttliche in Verkleidung und jeder seiner Streiche und jedes seiner Spiele war das Lachen, die Unbeschwertheit und das Spiel des Universums.

Eines Tages ging Krishna an den Strand, um mit seinem Bruder Bala und ihren gemeinsamen Freunden zu spielen. Sie liefen umher, spielten Verstecken und bauten Sandburgen. Während Krishna ein tiefes Loch grub, um auf Wasser zu stoßen, überkam ihn die Neugier und er kostete von dem Sand an seinem Finger. Die harte und krustige Beschaffenheit faszinierte ihn und er kostete noch einmal, während seine Freunde zusahen. Bala wusste, dass der Sand nicht gut für Krishnas Verdauung war, und lief ins Dorf zurück, um ihrer Mutter zu berichten, was Krishna getan hatte.

Als Yashoda zum Strand kam, hatte Krishna einen schuldbewussten Gesichtsausdruck. Yashoda fragte Krishna, ob er Sand gegessen habe, und er schüttelte den Kopf und bestritt es. Sie fragte ihn noch einmal und versuchte, ihm den Mund zu öffnen, um den Sand herausnehmen zu können. Krishna wehrte sich und versuchte wegzulaufen, aber er konnte den starken Händen seiner Mutter nicht entkommen.

Endlich gab Krishna seinen Widerstand auf und öffnete den Mund. Yashoda sah hinein und erschrak. Sie wich vor ihrem Kind zurück. Dann rieb sie sich ungläubig die Augen und sah noch einmal in seinen geöffneten Mund. Tränen liefen ihr über das Gesicht, denn in seinem Innern bot sich ihr der schönste Anblick, den man sich vorstellen konnte.

Sie sah sanfte Hügel und schroffe Klippen, schneebedeckte Berge und einen vollständigen Regenbogen, der einen Wasserfall überspannte. Sie sah einen violett und orange gefärbten Sonnenuntergang und den kristallenen Mond über einem weiten Ozean. Sie sah weites Land und weiten Himmel, dahinströmende Flüsse und Sanddünen. Sie sah Tierarten aus längst vergangenen Zeiten. Sie sah Vogelschwärme, eine Löwenfamilie, Zebra- und Elefantenherden, Schlangennester und Insektenstaaten und einen Wolf, der in die Nacht hineinheulte. Sie sah blinkende Lichter an einem endlosen Nachthimmel, Kometen und Planeten in weit entfernten Galaxien. Sie sah eine Gruppe lachender und spielender Kinder und Sandburgen am Strand. Und als Yashoda genauer hinsah, erkannte sie einen kleinen Jungen, der mit weit geöffnetem Mund im Sand saß. Es war der kleine Krishna, und sie sah sich selbst vor ihm knien.

Im nächsten Augenblick wurde Yashoda ohnmächtig. Krishna schloss den Mund und streichelte seine Mutter. Er küsste ihre Wange, und als sie die Augen öffnete, half er ihr vorsichtig sich aufzusetzen. Mit ruhiger, sanfter Stimme erklärte Krishna seiner Mutter, dass sie sich nicht zu sorgen brauche. Sie hatte einen Blick auf das Göttliche und die Unendlichkeit geworfen. Er war die Berge und der Himmel, das Wasser und der Wind. Er war die unvordenklichen Zeiten – Vergangenheit, Gegenwart und Zukunft. Er war die Weite des Bewusstseins und der Trost, der in der Stille der Seele lag.

Krishna lächelte seiner Mutter zu, nahm ihre Hand und führte sie nach Hause.

82

Ich verspreche, dich an die zahlreichen Wunder zu erinnern, die du mich sehen gelehrt hast.

Tara hat das erstaunlichste Lächeln, das ich je gesehen habe. Es ist ein Lächeln, das von innen heraus strahlt, das selbstbewusst und doch schüchtern ist und durch ihren ganzen Körper zum Ausdruck kommt. Und mit ihrem Lächeln kann Tara Freude und Glück verbreiten.

Taras Lächeln hat mich so viel über Güte, Geben und Annehmen gelehrt. Sie ist zu jung, um beurteilen zu können, wen oder was sie anlächeln sollte oder nicht. Ihr gibt alles und jeder einen Anlass zum Lächeln. Sie lächelt wegen des Regens. Sie lächelt wegen Musik. Sie lächelt den Hund an, ja, sogar das Hundefutter. Ihr ganzer Körper kichert und kreischt vor Freude, wenn sie andere Kinder sieht oder ihr Lachen hört.

Eines Tages stand am Zeitungskiosk ein Obdachloser neben uns. Für mein Empfinden roch er sehr unangenehm, und seine Hände und sein Gesicht waren mit blauen Flecken bedeckt, die er sich offensichtlich bei verschiedenen Unfällen zugezogen hatte. Ich hielt Tara dicht bei mir und wollte nur so schnell wie möglich die Zeitung kaufen und wieder gehen.

Aber während ich bezahlte, hörte ich, wie Tara gurgelnde Laute ausstieß, und sah, dass sie sich ihm zuneigte. Sie winkte und schenkte ihm ihr schönstes Lächeln. Für Tara war er so außergewöhnlich, schön, lustig und unterhaltsam wie all die anderen Dinge, die ihr in ihrem Leben begegneten. Kein Teil von ihr empfand ihn als ihres Geschenkes unwürdig.

Der Mann, der inzwischen bemerkt hatte, dass Taras Rufe ihm galten, sah überrascht auf und war durch ihre warmen, begeisterten Ausrufe offensichtlich aus der Fassung gebracht. Er sah auf den Boden und dann wieder zu Tara, erwiderte ihr Lächeln, versteckte sein Gesicht hinter den Händen, sodass sie lachen musste und noch mehr lächelte. Der Mann sah mich an und sagte: »Bitte sagen Sie ihr später einmal, dass sie einem hoffnungslosen Mann Hoffnung gegeben hat. Sie ist sehr schön. Danke.«

Als wir uns entfernten, winkte Tara ihm zum Abschied zu und ließ sich einen Augenblick später von einem vorbeifahrenden Motorrad ablenken. Sie quietschte vor Begeisterung, als der Fahrer den Motor aufheulen ließ und vorbeidonnerte.

Anregung

Denken Sie an etwas, das Sie von Ihrem Baby gelernt oder mit seiner Hilfe entdeckt haben. Nehmen Sie sich vor, ihm dies später einmal zu erzählen.

83

Ich verspreche, deine Phantasie zu fördern.

Meine Freundin erzählte mir von ihrer vierjährigen Nichte Clarice, die einen imaginären Freund namens Tommy hat. Tommy ist ein kleiner grüner Kobold, der immer an Clarice' Seite ist. Er fragt Clarice in wichtigen Dingen um Rat und stiftet sie oft zu Streichen an.

Eines Morgens erfuhr Clarice in der Schule, dass am nächsten Tag der Namenstag des Heiligen St. Patrick sei. Sie kam nach Hause gelaufen und sagte ihrer Mutter, dass sie Tommys Geburtstag vorbereiten müssten. Ihre Mutter beschloss, auf die Phantasie einzugehen, und sie backten einen Kuchen für Tommy. Sie planten auch ein Abendessen, das alle seine Lieblingsspeisen beinhaltete, von denen einige – wie Pizza und Pommes frites – auch Clarice' Lieblingsspeisen waren, während sie von anderen – wie Spinat und Erbsen – nicht allzu viel hielt, aber ihre Mutter bereitete sie gern für diesen Anlass zu.

Als Clarice am nächsten Morgen aufwachte, fand sie ein paar wunderbare Überraschungen. Das Haus war voller grüner Naschereien, Girlanden und Ballons. Ihre Mutter hatte es nur für Tommy dekoriert. Als sie ins Badezimmer kamen, war sogar das Wasser in der Toilette grün und es lag grüne Zahnpasta für Tommy bereit. Clarice lächelte von einem

Ohr zum andern und erklärte ihrer Mutter, dass Tommy außer sich vor Freude sei. An diesem Abend aß die ganze Familie mit Tommy zu Abend und sein Geburtstag wurde gebührend gefeiert. Clarice sagte, es sei die beste Party, die sie je erlebte habe, und Tommy stimmte ihr zu. Als Clarice an diesem Abend zu Bett ging, sagte sie ihrer Mutter, dass Tommy sehr glücklich sei und den schönsten Geburtstag seines Lebens erlebt habe. Sie schlief mit einem zufriedenen Lächeln auf den Lippen ein und betrat eine Welt voller grüner Kobolde und Feste.

Die Geschichte von Clarice und ihrem Freund Tommy zeigt Eltern, wie wir die Phantasie unserer Kinder fördern können. Clarice' Mutter unterstützte die magische und wundersame Welt, die Clarice geschaffen hatte. Clarice genoss den aufregenden Tag und wird noch jahrelang von diesen Erinnerungen zehren. Irgendwann wird Tommy aus Clarice' Leben verschwinden, aber solange er bei ihr ist, schenkt er ihr Kreativität, Freude, Energie und Liebe.

> Alice lachte. »Ich brauche es gar nicht zu versuchen«, sagte sie, »etwas Unmögliches kann man nicht glauben.«
>
> »Du wirst darin eben noch nicht die rechte Übung haben«, sagte die Königin. »In deinem Alter habe ich täglich eine halbe Stunde darauf verwendet. Zuzeiten habe ich vor dem Frühstück bereits bis zu sechs unmögliche Dinge geglaubt.«
>
> *Aus »Alice hinter den Spiegeln« von Lewis Carroll*

Anregung

Beschließen Sie, hin und wieder die Welt Ihres Kindes zu besuchen. Betrachten Sie die Welt durch die Augen Ihres Kindes, ohne Ihre eigene Stimme dazwischengeraten zu lassen. Lassen Sie sich von Ihrem Kind etwas Zauberhaftes zeigen, von dem Sie bislang gar nichts wussten.

84

Ich verspreche, die Welt mit dir voller Neugier und Staunen zu betrachten.

Wir halten in unserem Alltag so vieles für selbstverständlich, dass es wichtig ist, sich hin und wieder Zeit dafür zu nehmen, die Welt mit unseren Kindern anzusehen und ihre erhabene Schönheit zu würdigen.

Die Welt um uns herum ist voller Wunder und Magie.

Schau eine Blume an. Sie war einst ein Samenkorn und das Samenkorn stammte von einer anderen Blume. Aber damit aus dem Samenkorn eine Blume werden konnte, brauchte es Erde, Regen, Sonne, Wolken und Luft. Wenn man sich die Blume ganz genau ansähe, würde man erkennen, dass die ganze Welt gebraucht wurde, um diese Blume entstehen zu lassen. So wie die ganze Welt gebraucht wurde, um alles andere entstehen zu lassen.

Schau dir einen Gegenstand an, den du noch nie wirklich gewürdigt hast. Sieh zum Beispiel einen Stuhl mit ganz neuen Augen an. Betrachte das Holz und stell dir den Baum vor, von dem er stammt, den Wind und die Sonne, die ihn nährten, und den Regen, der ihm zu wachsen half. Der Stuhl stammt aus den geschickten Händen eines Schreiners, aus einer Fabrik, in der er hergestellt wurde, aus einem Möbelgeschäft, in dem Menschen arbeiten, um ihre Familie zu ernähren. Das ganze Universum muss sich verbünden, um alles entstehen zu lassen, was existiert.

Auch du und ich sind das Ergebnis von Liebe, Geheimnissen, Evolution, Situationen und Umständen – einer Symphonie von Ereignissen, zufälligen Begegnungen, Träumen und Hoffnungen, die sich verbündet haben, um uns zu erschaffen. Damit du und ich entstehen konnten, mussten Tausende von Menschen leben, lieben und glückliche und traurige Zeiten erleben. Die Geschichte all unserer Vorfahren ist in dir und mir enthalten, ebenso die Geschichte ihrer Beziehungen und der Zeiten und Umstände, in denen sie lebten.

Wenn wir einander und die Welt ansehen, sollten wir daran denken, dass wir alles verkörpern, was je existiert hat, und dass wir den Keim dessen in uns tragen, was in der Zukunft existieren wird. Lasst uns die Welt mit solchen Augen ansehen, und wir werden nie aufhören, zu staunen.

Anregung

Sehen Sie sich einen Gegenstand an, den Sie jeden Tag verwenden, und denken Sie an all die Ressourcen und Menschen, die ihn Wirklichkeit werden ließen. Nehmen Sie sich vor, diese Übung später einmal mit Ihrem Kind durchzuführen.

85

Ich verspreche, dir zu helfen, Wunder zu erleben, damit du deine wahre innere Stärke erfahren kannst.

Mit 16 lernte ich fliegen. Nicht ein Flugzeug zu steuern, sondern tatsächlich zu fliegen. Es ist eine jener persönlichen Begabungen, über die ich noch nicht mit vielen Menschen gesprochen habe, weil es die meisten doch befremdlich finden, wenn man seinen Flugstil beschreibt. Aber mir fiel es ganz leicht, fliegen zu lernen.

In Traditionen auf der ganzen Welt wird das Fliegen erwähnt. Im 17. Jahrhundert war der hl. Joseph von Copertino in der christlichen Welt als schwebender Heiliger bekannt. Dem hl. Josef fiel es geradezu schwer, am Boden zu bleiben. Er begann, in der Luft zu schweben und in einen Zustand der Ekstase zu verfallen, wann immer er jemanden von Gott oder heiligen Dingen sprechen hörte. Er erregte so viel Aufsehen und brachte seine Kirche so in Verlegenheit, dass er 35 Jahre lang nicht im Chor singen, im Refektorium essen, an Prozessionen teilnehmen oder in der Kirche die Messe lesen durfte.

Um es klarzustellen: Mein Fliegen ist mehr ein Herumhüpfen als ein Fliegen im eigentlichen Sinn. Bei der Meditation im Schneidersitz wiederholt man einen traditionellen

Spruch und der Körper reagiert darauf, indem er sich mit einem kleinen Hüpfer nach oben bewegen will. Es ist ein bekanntes und etwas umstrittenes Phänomen, das von den Anhängern der Transzendentalen Meditation seit Jahrzehnten dokumentiert wird, und es ist eine geläufige Übung, die in alten indischen Texten ausführlich beschrieben wird. Es gibt viele Theorien dazu, weshalb und wie es geschieht, sowie zur Authentizität dieser Erfahrung.

Dass ich mit 16 fliegen, oder besser gesagt hüpfen lernte, gab mir während meiner Teenagerjahre und darüber hinaus Selbstvertrauen und Erdung. Der Energieschub, der mich während der Meditation zum ersten Mal abheben ließ, war die Erfahrung eines echten Wunders. Ich erlebte die Realität, dass ich mit meinem Geist und meinem Bewusstsein das Unmögliche möglich machen konnte. Diese Erfahrung erfüllte mich mit Freude und dem Wissen, dass es im Leben so viel mehr gibt als das, was wir sehen oder von anderen für möglich gehalten wird.

86

Ich verspreche, dir zu zeigen, dass Hilfe in vielerlei Form kommt.

Es lebte einmal ein alter Mann, der einen unerschütterlichen Glauben an Gott hatte. Er glaubte daran, dass Gott immer da sein werde, um ihn zu führen und vor allem Bösen zu beschützen.

Eines Sommers brach ein wilder Sturm über das Dorf des alten Mannes herein. Es war ein Sturm, wie ihn seit Generationen niemand erlebt hatte, und der Regen fiel Tag und Nacht. Bald begannen sich die Dorfbewohner auf die Evakuierung vorzubereiten, da sie mit einer großen Flut rechneten. Der alte Mann sah, wie die anderen in Panik gerieten, packten und mit ihren Kindern, Tieren und Wertgegenständen den Ort verließen. Als seine Nachbarn ihn baten, ebenfalls zu gehen, antwortete er: »Keine Sorge. Ich weiß, dass Gott mir beistehen wird.«

Bald war das Dorf leer. Aber der Regen hatte noch nicht aufgehört, und der alte Mann musste feststellen, dass das Untergeschoss seines Hauses bereits mit Wasser voll gelaufen war. Voller Gottvertrauen zog der alte Mann in das obere Stockwerk um. Der Regen hörte nicht auf und einige tapfere Dorfbewohner kämpften sich durch den Sturm zurück, um den alten Mann mit einem Boot zu retten. Aber der Alte weigerte sich erneut zu gehen und schickte sie wieder fort. »Gott wird mir beistehen«, erklärte er ihnen.

Einige Tage später war das Wasser so weit gestiegen, dass auch das Obergeschoss seines Hauses überflutet wurde. Da zog der alte Mann auf das Dach um. Er beobachtete den Regen voller Ehrfurcht und staunte über die Macht seines großen Gottes. Bald drangen die Wassermassen bis auf das Dach seines Hauses vor. Der alte Mann machte sich immer noch keine Sorgen, weil er wirklich daran glaubte, dass Gott bei ihm war.

Wieder trotzten einige Dorfbewohner dem Sturm, um ihn zu retten. Diesmal kamen sie mit einem Hubschrauber und riefen von oben zu ihm hinab, er möge mit ihnen kommen. Immer noch voller Vertrauen sagte ihnen der alte Mann, dass er nicht in Gefahr sei und dass Gott ihm beistehen werde. Die Dorfbewohner gaben sich geschlagen und ließen ihn mit Tränen in den Augen zurück, da sie wussten, dass er den Sturm nicht überleben würde.

Das Wasser stieg. Das Dach wurde überflutet, und der alte Mann ertrank.

Als der Alte an die Himmelspforte kam, war er sehr zornig. Er trat vor Gott hin und rief: »Wie konntest du mich sterben lassen! Ich hatte vollkommenes Vertrauen zu dir, und doch hast du mich nicht gerettet!«

Gott lächelte mild und antwortete: »Zuerst ließ ich dir eine Warnung zukommen und schickte die Dorfbewohner, um dich zu bitten, mit ihnen zu gehen. Dann sandte ich ein Boot und sogar einen Hubschrauber. Was hätte ich sonst noch tun können, mein Sohn?«

Es ist eine wertvolle Lehre für Kinder, zu akzeptieren, dass Gott da ist, um sie zu unterstützen und zu führen. Diese Geschichte lehrt uns alle, auf Gottes Weisheit zu vertrauen. Sie lehrt uns, dass das Universum jeden Tag Wege findet, uns zu helfen, und dass die Hilfe nur dann kommt, wenn wir bereit sind, sie anzunehmen.

87

Ich verspreche, dich zu lehren, dich auf das Unbekannte einzulassen und keine Angst vor dem Unerklärlichen zu haben.

Als ich 13 Jahre alt war, brachte mein Vater ein ganz besonderes Brettspiel, ein Ouija-Brett, mit nach Hause. Er rief Gotham und mich zu sich und fragte uns, ob wir daran interessiert seien, mit Geistern in Kontakt zu treten. Er erklärte uns, dass es Energiefelder um uns herum gebe, die wir weder berühren, noch sehen, noch hören könnten, die aber so real seien wie die Schwerkraft. Wir waren nicht so sehr an der Theorie interessiert, sondern daran, zu unserem kurz zuvor verstorbenen Hund Nicholas Kontakt aufzunehmen. Als wir daher beide begeistert ja sagten, öffnete mein Vater die Schachtel, die Folgendes enthielt: ein Brett mit dem Alphabet und den Worten »Ja« und »Nein« sowie einen beweglichen Zeiger auf einer Rolle mit einem kleinen Ausschnitt, durch den je ein Buchstabe auf dem Brett hervorgehoben werden konnte.

Gotham und ich legten jeder einen Finger auf das bewegliche Teil und fragten einfach: »Bist du da?« Wir wiederholten die Frage mehrere Minuten lang und als nichts passierte, begann sich Gotham zu langweilen. Aber unser Vater forderte uns auf, weiter nach dem Geist zu fragen und uns von allen Erwartungen in Bezug auf das, was geschehen sollte, freizumachen. Nach einigen weiteren Wiederholungen begann sich das Teil plötzlich zu bewegen. Ich sah zu Gotham hinüber, weil ich dachte, dass er die Bewegung vielleicht selbst auslöste, aber ich konnte an seinen Augen ablesen, dass er sich ebenfalls fragte, ob ich das Teil bewegte. Mir wurde klar, dass keiner von uns das Teil bewegte, sondern dass unsere Finger von etwas anderem geführt wurden.

Das Teil bewegte sich auf unsere Frage »Bist du da?« zunächst zum »Ja«. Dann fragte ich den Geist, wie sein Name sei. Langsam buchstabierte er seinen Namen: »Narian«. Da war ich mir sicher, dass Gotham es nicht von sich aus verschob, denn diesen Namen hätte er nicht spontan erfinden können. Unser Vater, der einfach nur zugesehen hatte, beugte sich fasziniert vor. Wir begannen, Narian Fragen zu stellen. Woher kam er? Wie lange war er schon ein Geist? Wo lebte er? Und vor allem, kannte er Nicholas, unseren Hund? Narian hatte in seinem letzten Leben in Pakistan gelebt, war vor etwa 50 Jahren gestorben und hielt sich nicht mehr in einer bestimmten Gegend auf. Er genoss seine Freiheit im weiten Universum. Vor allem aber sagte er uns, dass er Nicholas kenne und deshalb auf unseren Ruf geantwortet habe. Er sagte uns, dass Nicholas sehr glücklich sei, worauf Gotham und ich einen Seufzer der Erleichterung ausstießen.

Es gibt viele Dinge im Leben, die wir nicht rational erklären können, aber wenn wir ihnen mit Offenheit begegnen, ist unser Leben voller Magie und Wunder. Statt uns vor dem Unbekannten zu fürchten, können wir mit unseren Kindern andere Welten, Menschen und Orte erforschen und gemeinsam mit ihnen viele Geheimnisse des Universums erkunden.

88

Ich verspreche, dir zu zeigen, welche Kraft davon ausgeht, wenn du deine Träume mit anderen teilst.

Mehrere Jahre, nachdem Indien die Unabhängigkeit von den Briten erlangt hatte, beschloss meine Großmutter, Maa, mit meinem Vater und seinem Bruder zur Parade am Unabhängigkeitstag zu gehen. Sie wusste, dass Jawaharlal Nehru, der erste Premierminister Indiens, dort sein würde, und sie wollte, dass ihre Söhne den großen Mann sahen, der mit Mahatma Gandhi für die Freiheit Indiens gekämpft hatte.

Maa kaufte für beide Jungen neue Kleidung und überlegte tagelang, welchen Sari sie selbst tragen sollte. Sie wollte, dass ihre Söhne sich immer an diesen Tag erinnern würden und dass sie spürten, wie wichtig es war, ihre Freiheit zu feiern.

Mit Millionen von Menschen, die sich auf den Straßen Delhis versammelt hatten, sahen sie der prächtigen Parade zu. Maa war von Stolz erfüllt, als die Brigaden der indischen Armee, Marine und Luftwaffe, die Polizei und Feuerwehr und Regierungsbeamte vorüberzogen. Sie war stolz darauf, dass diese Männer und Frauen ein freies Indien repräsentierten. Mein Vater und sein Bruder schwenkten mit den anderen Kindern zusammen Fähnchen und Ballons und jubelten den Vorüberziehenden zu.

Plötzlich wurden die Jubelrufe lauter und begeisterter, und sie sahen, dass Nehru kam. Der Lärm war ohrenbetäubend, und um sie herum schluchzten die Menschen vor Freude und Aufregung. Als Nehrus Wagen langsam an der Stelle vorüberfuhr, wo Maa stand, wandte Nehru sich um. Er schien Maa direkt in die Augen zu schauen, und während das Auto langsam weiterfuhr, nahm er die Rose von seinem Revers und warf sie meiner Großmutter zu. Die Menge stieß erstaunte Rufe aus und wich voller Ehrfurcht zurück. Maa hob stolz die Rose auf und hielt sie hoch, damit alle sie sehen konnten. Die Menschen applaudierten.

Als Maa nach Hause kam, räumte sie ein Zimmer aus. In die Mitte des Raums stellte sie einen Tisch und darauf in eine Blumenvase die Rose. Wochenlang kamen Menschen zu ihr nach Hause, um die Rose zu sehen. Wenn sie das Zimmer betraten, in dem sie sich befand, zogen sie ihre Schuhe aus, traten auf Zehenspitzen näher und betrachteten sie voller Ehrfurcht und Bewunderung. Das ganze Haus schien von Stille und Geist durchdrungen zu sein. Als die Rose zu welken begann, gab Maa für ihre Lieben eine Party, und als die Gäste nach Hause gingen, erhielt jeder ein welkes Blütenblatt der Rose.

Mein Vater fragte sich, was so besonders an diesen Rosenblättern sei. »Diese Rose steht für die kollektive Seele Indiens«, erklärte ihm Maa. »Diese Rosenblätter enthielten die Träume, Hoffnungen und Sehnsüchte eines unterdrückten Volkes, das nach Freiheit strebte. Und diese Rosenblätter enthalten unsere Hoffnungen für die Zukunft, unsere

Leidenschaften, unsere Liebe zueinander und das, was wir werden wollen. Diese Rose, mein Kind, ist die Essenz unserer Seele.« Zum ersten Mal spürte mein Vater, damals ein unschuldiger Knabe von zehn Jahren, eine Verbindung mit einer größeren Seele und glaubte an die Kraft, die daraus erwächst, einen Traum mit anderen zu teilen.

Als Eltern streben wir danach, eine Welt voller Chancen, Glück und Freiheit für unsere Kinder zu erschaffen. Welche Träume könnten wir Wirklichkeit werden lassen, wenn wir uns zusammenfänden, um Rosenblätter in jedem Winkel der Erde zu verstreuen …

89

Ich verspreche, dir zu helfen, die Wunder des Lebens zu erkennen.

Meine vierjährige Cousine Ananya flüsterte mir kichernd ins Ohr: »Gib ihm noch einen Löffel. Er ist durstig. Na los, gib ihm einfach noch einen Löffel.«

Farben wirbelten vor meinen Augen. Arme stießen mich an. Schluchzer und Grußworte waren zu hören. Räucherwerk kitzelte meine Nase, heilige Mantras hallten in der Ferne wider, und das Sonnenlicht wurde von silbernen und goldenen Tellern reflektiert, die den Schrein einrahmten. Ängstlich, bewegt und freudig zugleich brachte ich mit zitternden Händen meine Opfergabe dar. Mitten in all der Aufregung erlebte ich einen stillen Augenblick mit Gott.

Draußen tanzten alte Männer und Frauen vor Freude. Ein junger Mönch sang heilige Gesänge, während eine bucklige Bettlerin mit einem unterernährten Baby in den Armen unkontrolliert weinte und Loblieder gen Himmel schickte. In einem Gewirr von Stimmen wurden Legenden und Techniken verglichen, während eine Gruppe von Wissenschaftlern Erklärungen für dieses bizarre Phänomen zu finden versuchte, das dem gesunden Menschenverstand widersprach. Dies war ein Tag der Wunder und selbst Skeptiker mussten zugeben, dass etwas Magisches in der Luft lag.

Ananya nahm mir den Löffel aus der Hand und füllte ihn abermals mit Milch. Auf dem Boden kniend legte sie ihn neben den Rüssel der Marmorstatue des Elefantengottes Ganesha. Innerhalb einer Minute verschwand die Milch vor unseren Augen. Der Gott trank sie buchstäblich, indem er sie langsam vom Löffel aufsaugte. Ohne auf die Ausrufe des Erstaunens um sie herum zu hören, bot meine Cousine dem durstigen Gott einfach unschuldig und freudig einen weiteren Löffel voll Milch an.

Später an diesem Tag berichteten Nachrichtensender auf der ganzen Welt von dem erstaunlichen Phänomen, das innerhalb von 24 Stunden in indischen Haushalten und Tempeln auf der ganzen Welt stattfand. Die Berichte zeigten lange Reihen von Menschen, die vor heiligen Schreinen darauf warteten, ihre Gabe darzubringen. Tatsächlich tranken alle Gottheiten. Vor dem Blumengeschäft eines Fünf-Sterne-Hotels hatte sich eine Warteschlange gebildet, weil die kleine Steinstatue in der Ecke des Ladens ebenfalls durstig auf Milch war. An nächsten Tag lauteten die Schlagzeilen: »Milchknappheit in Delhi wegen übermäßigen Verbrauchs durch Gottheiten.«

Ein Wunder zu erleben, mag an sich schon etwas Einzigartiges sein. Es aber mit Millionen anderer Menschen zu erleben, ist ein Geschenk Gottes. Der Tag, an dem die Götter in Indien durstig waren, war ein Tag der Freude und der Offenbarung. Die Menschen tanzten in den Straßen, Freunde und Verwandte erzählten einander von ihren Visionen, und die Älteren nickten wissend und zustimmend. Kinder wurden früher von der Schule heimgeschickt, und Läden und Restaurants wurden geschlossen. Es gab einen Augenblick, in dem alles andere aufhörte zu existieren, und wir wurden daran erinnert, dass wir in einer Welt voller Geheimnisse leben.

In einer Welt voller Umweltverschmutzung, Gewalt, Kriminalität, Armut und Depression vergessen wir manchmal, dass es auch magische Augenblicke gibt. Wenn alles dunkel und desolat erscheint, brauchen wir Hoffnung. Wir brauchen die Bestätigung, dass unser Glaube einen Sinn hat. Das »Milchwunder« in Indien gab den Menschen einen Grund zu hoffen, einen Grund zu glauben und von etwas Besserem zu träumen. Es zeigte uns, dass etwas Größeres, etwas Bedeutenderes existiert.

Uns wurde ein Augenblick zum Atemholen und Staunen geschenkt. Uns wurde ein Augenblick der Aufregung und Freude, des Zauberhaften und Erhabenen, des Staunens und der Überraschung geschenkt. Und uns wurde ein Tag zum Lachen, Spielen und Tanzen geschenkt.

Wunder

Wer hält schon viel von Wundern?
Ich selbst kenne nichts als Wunder,
ob ich durch die Straßen von Manhattan gehe
oder meinen Blick über die Hausdächer in den Himmel schweifen lasse
oder mit nackten Füßen am Rand des Wassers entlanggehe
oder unter Bäumen im Wald stehe

oder am Tag mit jemandem spreche, den ich liebe, oder bei Nacht bei jemandem liege, den ich liebe,
oder beim Abendessen mit den anderen am Tisch sitze,
oder im Bus Fremde betrachte, die mir gegenübersitzen,
oder Honigbienen beobachte, die an einem Sommervormittag den Stock umschwirren,
oder Tiere, die auf dem Feld weiden,
oder Vögel oder die wundersamen Insekten in der Luft
oder den wunderbaren Sonnenuntergang oder die Sterne, die so ruhig und hell leuchten,
oder den zarten, dünnen Bogen des Neumondes im Frühling.
Das und alles andere sind für mich Wunder,
alles aufeinander bezogen und doch jedes abgegrenzt und an seinem Platz.

Für mich ist jede Stunde des Lichts und der Dunkelheit ein Wunder,
jeder Kubikzentimeter Raum ist ein Wunder,
jeder Quadratmeter der Erdoberfläche ist damit bedeckt,
jeder Meter des Erdinneren wimmelt davon.

Für mich ist das Meer ein ständiges Wunder,
die Fische, die schwimmen – die Felsen – die Bewegung der Wellen –
die Schiffe mit Menschen darauf,
gibt es seltsamere Wunder?

Walt Whitman

90

Ich verspreche, dir zu zeigen, dass du aus einer Zeit kommst, die weit zurück in der Ewigkeit liegt.

Als meine Mutter schwanger wurde, litt sie an einer harmlosen Form von Anämie, der so genannten heterozygoten β-Thalassämie. Das Faszinierende daran war, dass dieses Merkmal vor allem im Mittelmeerraum auftritt. Aus ihrem Blut ging hervor, dass sich unsere Ahnenreihe bis auf die Zeit, als Alexander der Große 325 vor Christus den Norden Indiens eroberte, zurückverfolgen ließ.

Meine Mutter gab dieses erbliche Merkmal an Gotham und mich weiter. Als Kinder machte es uns großen Spaß, Geschichten über unseren eigenwilligen Vorfahren zu erfinden. Wir stellten uns einen Soldaten vor, der eine leidenschaftliche Affäre mit einem jungen Mädchen in einem Dorf hatte, durch das er während der Eroberung zog. Oder vielleicht war er einer der großen Künstler, die von Alexander nach Indien gebracht wurden, verliebte sich in ein rebellisches Mädchen und machte ihre Liebe durch seine Kunst und seinen Nachwuchs unsterblich. Oder vielleicht wurde eine der Frauen Alexanders mit einem indischen Prinzen verheiratet, was zu dieser Vermischung des Blutes zweier Kulturen führte. Welche Geheimnisse, welche Leidenschaften, welche farbigen Geschichten konnte man sich aufgrund dieser medizinischen Besonderheit ausmalen!

Jeder von uns trägt die Erinnerungen Tausender, die vor ihm lebten, in sich. Es heißt, dass die Menschheit 8000 Generationen zurückreicht. Das heißt, dass zwei Menschen pro Generation zusammenkamen, um neues Leben zu erschaffen, das wiederum neues Leben erschuf, und so weiter. Wir spiegeln Liebesgeschichten, Kriege, Hoffnungen, Verzweiflung, Träume und Enttäuschungen vertrauter Geister wider, die gelebt haben, um unsere Existenz Wirklichkeit werden zu lassen.

Ich sehe meine Kinder an und empfinde Ehrfurcht vor dem Pulsieren des Lebens durch alle Zeiten, das aus ihnen die schönen Wesen gemacht hat, die so friedlich in meinen Armen ruhen. Ich denke an die farbige Geschichte, die unsere Familie bis zu diesem Punkt gebracht hat, und ich stelle mir die großartigen Geschichten vor, die noch zu erzählen sein werden.

Anregung

Legen Sie mit Ihrem Kind ein Geschichtenbuch an, das alle Ihre Lieblingsgeschichten der Familie aus Vergangenheit, Gegenwart und Zukunft enthält.

Selbsterkenntnis

Wie du dein innerstes
Wesen entdeckst

91

Ich verspreche, Augenblicke zu finden, in denen du und ich das Göttliche erahnen können.

Als Sumant und ich in Indien lebten, wurden wir eingeladen, mit einer Delegation berühmter Persönlichkeiten zusammenzutreffen, die wegen einer Konferenz zum Thema Kinderarmut nach Delhi gekommen waren. Nach einem großartigen Abendessen in einem Fünf-Sterne-Hotel fragte uns Rajeev Sethi, einer der bedeutendsten Menschenrechtsaktivisten Indiens, ob wir zusammen mit ihm an einem mitternächtlichen Sufi-Konzert in einer der berühmten Moscheen in Delhi teilnehmen wollten.

Eine kleine Gruppe – darunter eine berühmte amerikanische Politikerin, eine europäische Rocksängerin, ein Träger des Friedensnobelpreises und ein berühmter Wirtschaftswissenschaftler – begab sich zur Nizamuddin-Moschee. Die Autos hielten am Eingang zu einem Slum und Rajeev forderte uns auf, ihm zu folgen. In unseren eleganten Kleidern und teueren Schuhen stapften wir durch die schlammigen Straßen dieses Stadtteils. Ich hatte in dieser Gegend zwar schon oft tagsüber eingekauft, aber es war etwas unwirklich, nachts durch die leeren Gassen zu gehen, die sonst voller Gewürzstände, Blumenverkäufer, Stoffhändler, laut rufender Ladenbesitzer und aufdringlicher Bettler waren. In dieser Nacht sahen wir nur ein paar streunende Tiere – Hunde, Schweine und Kühe – und neugierige Augen, die aus Läden und provisorischen Behausungen herauslugten.

Rajeev führte uns durch ein Labyrinth von Gassen mitten in diesen Stadtteil hinein. Ich hatte diese Gegend immer für einen Slum gehalten, aber während wir weiter vorstießen, stellte ich fest, dass die jahrhundertealten Gebäude zwar verfallen und alt aussahen, aber im Inneren noch schön waren. Durch bemalte Wände, aufwändige Schnitzereien, fein gearbeitete Holztüren und traditionelles Kunsthandwerk wurden sie zu einladenden Wohnhäusern, die seit dem 13. Jahrhundert Generationen von Familien beherbergt hatten. Während ich faszinierte Blicke in die Häuser warf, wurde mir klar, dass ich einen Teil Indiens sah, den ich noch nie zuvor erkundet hatte.

Schließlich erreichten wir die Moschee und wurden von einem älteren Mann in traditioneller indischer Kleidung begrüßt, der uns aufforderte, uns auf den Boden des Mausoleums zu setzen. Da drängte sich die Politikerin nach vorn und stellte sich mit lauter, herrischer Stimme vor, wobei sie ihren prominenten Namen betonte. Der alte Mann sah sie einen Augenblick verständnislos an. Er verstand weder, worum es ihr ging, noch kannte er ihren Namen und forderte sie lächelnd auf, sich wieder zu setzen. Als wir uns niederließen, begann die Rocksängerin damit zu prahlen, dass sie mit dem inzwischen verstorbenen Nasrat Fateh Ali Kahn, dem berühmtesten Sufi-Sänger der Welt, zusammengearbeitet habe. Sie nannte dem alten Mann Namen ihrer berühmten Musikerfreunde und er sah auch sie verständnislos an.

Der alte Mann stellte uns dann seine beiden Söhne und seine fünf- und neunjährigen Enkel vor. Während einer der Söhne die Tabla, eine traditionelle indische Trommel, zu schlagen begann und der andere Sohn Harmonium spielte, begannen die drei Generationen von Männern langsam zu singen. In ihren Liedern sprachen sie von ihrer Liebe zu Allah, und mein Herz schlug schneller, als ich ihren schönen Stimmen lauschte. Ich blickte hoch und konnte die dunklen Augen von Frauen hinter einem Wandschirm hervorspähen sehen. Während der nächsten Stunde erfüllten die Stimmen die Moschee mit Lobgesängen auf Gott, den Geist und das Leben.

Als sie geendet hatten, saßen wir alle zehn Minuten in völligem Schweigen und ließen dieses Erlebnis auf uns einwirken. Wir fühlten uns geehrt durch das Geschenk, das sie uns gemacht hatten. Sie hatten uns an einen Ort mitgenommen, an dem wir uns nicht an unsere Identität klammern mussten, um uns sicher zu fühlen. Es machte keinen Unterschied, ob wir mächtige Politiker, große Intellektuelle oder Rockstars waren. In der Gegenwart des Göttlichen spürten wir eine Gleichheit und Verbundenheit miteinander, die über das Ego hinausging.

Es ist wichtig, Augenblicke im Leben zu finden, in denen wir spirituelle Erfahrungen machen können. Ob dies durch unsere Religion, durch Meditation, Gebet, Musik und Kunst, Sport und Yoga oder Spaziergänge in der Natur geschieht – Augenblicke, in denen wir uns mit etwas Tieferem verbunden fühlen, helfen uns, die Herrlichkeit unserer Welt und unserer Existenz zu erkennen.

92

Ich verspreche, dir zu helfen, das Glücksgefühl zu erleben, das uns erfüllt, wenn Körper, Geist und Seele eins werden.

Mit vier Jahren lernte ich tanzen. Der Tanz bot eine besondere Möglichkeit, eine Verbindung zu meinem indischen Erbe herzustellen, während ich in den USA aufwuchs. Durch die Geschichten, die mit den Tänzen verbunden waren, lernte ich etwas über indische Mythologie, Götter und Göttinnen und die großen Abenteuer und Traditionen, durch die unsere Kultur geprägt ist. Tanz war auch eine gute Möglichkeit, eine Verbindung zu meinem Körper, zu Rhythmus und Musik sowie verschiedenen Formen des Ausdrucks zu bekommen.

Ich lernte die Schritte meistens recht schnell, hielt mich für eine relativ gute Tänzerin und genoss die Auftritte. Als ruhiger, schüchterner Mensch konnte ich mich durch den Tanz ungehemmter ausdrücken. Es war einfach, in die Welt der Charaktere dieser Geschichten einzutauchen, die Augen- und Halsbewegungen sowie die schnelle Fußarbeit auszuführen, die den indischen Tanz kennzeichnen.

Aber während einer meiner Übungsstunden erlebte ich

zum ersten Mal das wirkliche Wesen des Tanzes. Ich übte einen Tanz, den ich für eine bevorstehende große Aufführung endlos wiederholt hatte. Es war einer meiner Lieblingstänze, bei dem es darum ging, dass Radha mit ihrem Liebhaber Krishna flirtet. Normalerweise sah ich beim Einsetzen der Musik die ersten Bewegungen vor meinem geistigen Auge und berechnete den richtigen Zeitpunkt, um mit dem Tanz zu beginnen.

Aber diesmal war mein Geist in andere Gefilde abgedriftet, als die ersten Töne und Trommelschläge erklangen. Plötzlich begann sich mein Körper vollkommen frei, verführerisch und mühelos zu bewegen. Plötzlich war ich nicht mehr da. Der Tanz hatte von mir Besitz ergriffen, und ich war eine Art Marionette, die eine viel großartigere Geschichte zum Ausdruck brachte. Ich war die Musik, der Takt und die komplizierte Fußarbeit. Ich wurde Radha, die Göttin, und verlieh meiner Geschichte durch mein Gesicht und meinen Körper auf erhabene Weise Ausdruck. Ich beobachtete, wie Mallika, der Körper, die Göttin ausstrahlte und darstellte. Ich war voller Liebe und Glück und befand mich auf einer völlig spirituellen Ebene.

Als die Musik aufhörte, dauerte es einige Minuten, bis mein angeregter Zustand wieder nachließ. In diesem Stadium gab es wirklich nichts mehr zu üben oder zu überlegen. Ich hatte etwas so Heiliges und Außergewöhnliches berührt, dass ich Gott einfach nur für diese tiefe Erfahrung dankte.

Anregung

Denken Sie darüber nach, welche Aktivität – Tanz, Yoga, Kampfsport oder eine andere Sportart – Sie Ihr Kind lehren könnten, durch die es ein Körperbewusstsein entwickeln und spirituelle Erfahrungen kultivieren kann.

93

Ich verspreche, dir zu erklären, dass jeder Spiritualität auf unterschiedliche Weise erlebt.

Nach dem College-Abschluss reiste ich mehrere Monate um die Welt. Eines meiner waghalsigeren Abenteuer auf dieser erlebnisreichen Tour bestand darin, zwei Wochen allein durch Südchina zu reisen.

Ich fuhr direkt von Indien aus nach China und war schockiert von dem Kontrast. In Indien kommt die Religion an jeder Ecke zum Ausdruck. Sie spiegelt sich in Kleidung, Architektur, Läden und Musik wider, während ich in China keine äußeren Zeichen solcher Spiritualität fand. Daher beschloss ich, als eine der ersten Stationen meiner Reise durch China, die Provinz Yunnan und die Stadt Kunming zu besuchen, eine Region, in der es noch zahlreiche Tempel gab, die von der Kulturrevolution verschont geblieben waren.

An meinem ersten Morgen in Kunming zog ich meinen Reiseführer hervor. Ich entschied mich für den Yuantong-Tempel, einen mehr als 1000 Jahre alten buddhistischen Tempel, und machte mich auf den Weg zum Busbahnhof. Da die Frau am Fahrkartenschalter kein Englisch verstand, zeigte ich auf die Adresse im Buch und sie las die chinesischen Schriftzeichen. Sie zeigte mir den richtigen Bus, und ich begann meine Reise.

Nach etwa 45 Minuten verkündete der Busfahrer unsere Ankunft, und ich stieg aus. Mir stand eine nicht geringe Überraschung bevor, als ich durch das Tor schritt. Statt einen heiligen Tempel zu besuchen, hörte ich laute Musik und sah ein Meer chinesischer Touristen. Ich war beim Yunnan Minorities Village ausgestiegen, einem Themenpark, in dem chinesische Minderheiten dargestellt werden. Der Tempel war nirgends zu sehen. Ich beschloss, den Tag im Park zu verbringen und besuchte die kleinen Modelldörfer.

Am nächsten Morgen machte ich mich voller Energie und Eifer wieder auf den Weg zum Busbahnhof. Ich zog meinen Reiseführer heraus, zeigte der Frau am Fahrkartenschalter die Adresse, sie zeigte mir den entsprechenden Bus, und als ich dort einstieg, fragte ich noch einmal beim Fahrer nach, ob es sich um den richtigen Bus handle. Nach 45 Minuten machte mich der Fahrer darauf aufmerksam, dass es Zeit zum Aussteigen sei. Wieder waren wir beim Yunnan Minorities Village angekommen. »Nein, ich will da hin«, sagte ich und zeigte wieder auf die Abbildung in meinem Buch. Der Fahrer nickte mit Nachdruck und zeigte wieder auf das eindrucksvolle Tor. Ich zeigte wieder auf das Buch, aber er hörte mir schon nicht mehr zu. Ich wusste nicht mehr, was ich tun sollte, als mich ein junger Chinese in gebrochenem Englisch fragte, ob er helfen könne.

Ich erklärte ihm mein Problem, und als er sich die Adresse im Buch ansah, erklärte er lachend, sie sei falsch angegeben. Da ich jetzt sehr erpicht darauf war, den Tempel zu besuchen, bat ich den jungen Mann, den Busfahrer zu fragen, wie ich dorthin gelangen könne. Er erklärte mir, dass ich leider in die Stadt zurückkehren und von dort aus einen anderen Bus nehmen müsse. Natürlich würde der Bus erst in drei Stunden in die Stadt zurückfahren!

Mir blieb also keine andere Wahl als auszusteigen. Meine Unfähigkeit, mich zu unterhalten, frustrierte mich sehr und ich konnte einem weiteren Vormittag im Village nicht ins Auge sehen. Ich war kurz davor, in Tränen auszubrechen, als mir jemand auf die Schulter tippte. Der junge Chinese fragte mich, ob ich den Tag mit seiner Familie verbringen wolle.

»Meine Mutter, mein Vater, mein Großvater, mein Onkel, meine Tante«, benannte er die einzelnen Mitglieder seiner Familie – offensichtlich stolz darauf, dass er sich an die englischen Bezeichnungen für die einzelnen Verwandtschaftsgrade erinnern konnte. Da ich nichts anderes zu tun hatte, beschloss ich seine Einladung anzunehmen.

Nachdem wir einige der Dörfer besucht hatten, verkündete Hunan, dass es an der Zeit sei, zu Mittag zu essen. Wir betraten einen Essbereich im Freien, der von Stimmengewirr erfüllt war und in dem eine große Vielfalt von Speisen aufgetischt wurde. Hunan besetzte schnell einen Tisch und noch bevor ich Platz genommen hatte, stapelte sich das Essen vor uns.

Nach dem Essen tat Hunans Großmutter etwas, das mich überraschte. Sie sagte etwas zu der ganzen Familie, worauf alle im Gebet die Hände zusammenlegten und für einen Augenblick der Stille die Augen schlossen. Inmitten des lebhaften Treibens beeindruckte mich diese Geste sehr, da ich zum ersten Mal etwas annähernd Spirituelles in China erlebte.

Ich konnte es mir nicht verkneifen, Hunan später auf

das Gebet anzusprechen. Sein Englisch war nicht besonders gut, aber es gelang ihm, mir zu erklären, dass seine Großmutter für jede Mahlzeit dankte, da sie jahrelang nicht genug zu essen gehabt hatte. Sie hatte während der Kulturrevolution mehrere Jahre in Arbeitslagern verbracht und Gott hatte ihr geholfen, diese schwierige Zeit in ihrem Leben zu überstehen. Ich fragte Hunan, ob sie in die Kirche oder einen Tempel gingen und nach kurzem Zögern antwortete er: »Nein, das ist nicht nötig.«

Ich betrachtete seine Großmutter noch einmal und erkannte, dass ich das, wonach ich die ganze Zeit in China gesucht hatte, direkt vor mir sah: eine ruhige, ernste, aber echte Spiritualität.

Ich hatte das gefunden, wonach ich in Kunming gesucht hatte. Am nächsten Morgen packte ich meine Sachen und machte mich auf zu meinem nächsten Reiseziel.

Anregung

Welche spirituellen Werte, welche Vorstellung von Gott oder vom Unendlichen hoffen Sie Ihrem Kind weitergeben zu können?

94

Ich verspreche, dich zu lehren, dass dein Geist niemals stirbt.

Als Sumant und ich heirateten, hatten wir das Glück, dass alle vier Großelternpaare noch bei guter Gesundheit waren und dieses Fest mit uns feiern konnten.

Unsere Großeltern waren alle in den Siebzigern oder Achtzigern und noch voller Lebendigkeit und Energie. Sumants Großvater, Bhara Papa, tanzte so ausgelassen, dass wir ihn zurückhalten mussten – aus Angst, er könne sich überanstrengen. Auch Sumants Großmutter Dadiji tanzte vier Stunden, lächelnd, schön und glücklich – ein Bild, das wir alle nie vergessen werden. Ich erinnere mich, wie Sumants andere Großmutter, Naniji, aus der Ecke zusah, wie ich mit ihrem geliebten Enkel tanzte. Meine beiden Großmütter, Nani und Maa, die sehr gute Freundinnen waren, saßen beisammen und beobachteten die zahlreichen Gäste, die ihre Anwesenheit alle in irgendeiner Form diesen beiden Matriarchinnen zu verdanken hatten. Mein Großvater Nana sorgte dafür, dass alles wie geplant verlief. Traditionsgemäß brachten die vier Großväter unsere Familien – die Chopras und die Mandals – mit herzlichen Umarmungen und stolzem Lächeln zusammen.

Als Tara geboren wurde, hatte auch sie das Glück, dass

von ihren acht Urahnen immer noch sieben am Leben waren. Wir reisten bald nach Indien, damit unsere Großeltern ihre Urenkelin im Arm halten konnten. Ich sah bewegt zu, wie sie Tara, die so rein, unschuldig und fröhlich war, bestaunten und herumtrugen. Während ich beobachtete, wie Nana mit Tara spielte, fiel mir ein, wie er dieselben Spiele 30 Jahre zuvor mit mir gespielt hatte. Ich ging mit Tara durch die von Geistern erfüllten Räume, in denen Daddy, mein Großvater, der vor Taras Geburt gestorben war, geschlafen hatte. Ich wusste, dass er bei uns war, als wir seinem Bild auf dem Kamin eine Kusshand zuwarfen.

Seither habe ich unser zweites Kind, Leela, zur Welt gebracht und zwei weitere Großeltern sind gestorben. Es ist seltsam zu beobachten, wie eine Generation stirbt, während eine neue die Bühne betritt. In diesen kleinen Geschöpfen spiegeln sich die Gesichter und Stimmungen einer älteren Generation wider. Ich sehe in Tara immer Daddys Zärtlichkeit und Fürsorge. Ihre Augen zeigen das tiefe Mitgefühl und die Liebe, die er allen um sich herum angedeihen ließ. Ihr Auge fürs Detail und ihre Ordnungsliebe hat sie von meiner Nana. Wenn ich meine Kleine tanzen sehe, wenn sie zur Musik auf und ab hüpft, erinnere ich mich daran, wie Bhara Papa und Dadiji voller Freude bei unserer Hochzeit tanzten. Taras Sorge um andere ist das Spiegelbild der Fürsorge, die unsere Großmütter ihren Kindern und Enkeln schenkten.

Es schmerzt, diejenigen, die wir so sehr lieben, zu verlieren, aber ich weiß, dass ihre Geister uns nie verlassen werden. Wir hören sie im Lachen unserer Babys und im Rhythmus ihrer Schritte. Wir sehen sie in den leuchtenden Augen unserer Kinder, wir hören sie in der Bedeutung hinter den Worten unserer Kinder. Es ist eine Wiederholung der Bilder, der Erinnerungen und der Liebe, die sich von einer Generation zur nächsten erneuert.

95

Ich verspreche, dir zu helfen, deiner Intuition zu vertrauen.

Maa, die Mutter meines Vaters, verfügt über eine ganz erstaunliche Intuition. Sie versetzt die Menschen um sie herum immer wieder durch ihre Eingebungen in Erstaunen. Sie sagte das Geschlecht jedes ihrer acht Enkel und Urenkel präzise voraus. Sie kann einen Menschen ansehen und erkennen, ob etwas nicht in Ordnung ist oder sich verändert hat. Sie ist die prototypische Mutter, die über Einfühlungsvermögen und Wissen verfügt.

Es gibt eine Geschichte von Maa, die ich nie vergessen werde. Während ich in Indien lebte, ging ich einmal mit meinem Großvater, Daddy, zu einer Besprechung mit seinem Verleger. Die Besprechung fand in einem Bürohochhaus in Delhi statt, und wir waren bei der Fahrt nach oben wie die Ölsardinen im Fahrstuhl zusammengepfercht. Daddy lachte, als wir beide in eine Ecke gedrückt wurden, und sagte, dass Maa niemals einen Fahrstuhl betreten würde, weil sie darin Platzangst bekäme. Sie machte sich sogar Sorgen, wenn Daddy einen Fahrstuhl benutzte, weil sie unter der Vorstellung litt, dass er stecken bleiben könne.

Als der Fahrstuhl langsam nach oben stieg, gab es plötzlich einen Ruck, und er kam zum Stehen. In dem Gebäude war der Strom ausgefallen und wir steckten zwischen zwei

Stockwerken im Fahrstuhl fest. Es war ein unerträglich heißer Tag, die Körpergerüche der anderen Leute im Fahrstuhl verursachten mir bereits leichte Übelkeit. Daddy blieb ruhig wie immer, forderte mich auf, ebenfalls Ruhe zu bewahren, und meinte, dass es nur einige Minuten dauern werde, bis der Generator anspringen werde und wir weiterfahren könnten. Es dauerte eine halbe Stunde, und außer mir schienen alle den Zwischenfall völlig ungerührt zur Kenntnis zu nehmen. Es gehörte zu ihrem Alltag, dass der Strom ausfiel und sie zwischen zwei Stockwerken im Fahrstuhl feststeckten!

Bevor wir den Besprechungsraum betraten, sagte Daddy zu mir: »Sag Maa nichts davon, dass der Fahrstuhl stecken geblieben ist. Sie wäre sehr zornig darüber, dass wir ihn benutzt haben, und ich will nicht, dass sie sich unnötig aufregt.« Er wiederholte es noch einmal, bevor wir das Haus betraten, und ich versprach ihm, dass es unser kleines Geheimnis bleiben würde.

Als wir ins Haus gingen, mussten wir jedoch feststellen, dass Maa sehr aufgeregt war. Sie fragte sofort: »Was ist passiert? Warum hat es so lange gedauert?« Daddy sah mich nervös an und erklärte Maa, dass alles sehr gut verlaufen sei. Die Besprechung war ein Erfolg gewesen und er beschrieb ihr, wie der Verlag für sein Buch werben wolle. Aber Maa ließ sich nicht ablenken. Sie sagte: »Wechsle nicht das Thema. Ich weiß, dass etwas passiert ist. Mallika, was ist passiert?« Auch ich antwortete, dass nichts Besonderes vorgefallen sei. Dann sah Maa Daddy und mich sehr eindringlich an, schloss einen Augenblick die Augen und sagte: »Etwas mit dem Fahrstuhl … Daddy, bist du mit Mallika im Fahrstuhl gefahren?« Ich traute meinen Ohren nicht – wie konnte Maa das wissen? Und was noch überraschender war – während mich ihr Wissen so aus der Fassung brachte, schien Daddy keineswegs überrascht zu sein. Er lachte einfach nur und sagte: »Vor dir kann ich nichts geheim halten, nicht wahr?« Und er begann, sie zu beruhigen, erzählte ihr die Geschichte und sagte, dass wir auf dem Rückweg die Treppe genommen hätten.

Später fragte ich Maa, wie sie Dinge wissen und sehen könne. Sie sah mich etwas verunsichert an und meinte: »Wie kann man es denn nicht wissen?« Für Maa war es so, dass sie einfach eine Frage stellte und dann der Antwort lauschte. Es war ganz einfach. Sie zweifelte nicht an den Antworten, denn sie wusste, dass sie der Wahrheit entsprachen.

Als Eltern haben wir großen Einfluss darauf, wie unsere Kinder Informationen über sich selbst und ihre Umgebung verarbeiten. Indem wir sie lehren, auf die Antworten zu hören, die von innen heraus kommen, können wir ihnen helfen, ihre Intuition zu entwickeln und auf ihre Fähigkeit zu vertrauen, Entscheidungen zu treffen.

96

Ich verspreche, dir von Engeln zu erzählen.

Meine Mutter war 20 Jahre alt, als eine Tante, die ihr sehr nahe stand, sterbenskrank wurde. Tante Bimla war die Schwester meiner Großmutter, eine sehr schöne Frau mit einer sanften, liebevollen Seele.

Tante Bimlas Bruder hatte eine spezielle lebenserhaltende Maschine in England gekauft und in das Krankenhaus in Delhi schicken lassen, in dem sie gepflegt wurde. Meine Mutter ging jeden Tag nach dem College zu Tante Bimla ins Krankenhaus, las ihr aus der Zeitung, aus philosophischen Büchern oder Gedichtbänden vor und erzählte ihr den neuesten Klatsch aus der Familie oder von der Schule.

Tante Bimlas Arzt wurde von einem jungen Assistenzarzt begleitet. Er sah hin und wieder ihre Tabellen und Kurven an und unterhielt sich mit den Verwandten, die im Raum versammelt waren. Es stellte sich heraus, dass seine Mutter auch eine enge Freundin von Tante Bimla war, was ihm sofort Sympathien eintrug. Der junge Assistenzarzt war mein Vater.

In den nächsten Monaten begann mein Vater, Tante Bimla regelmäßig zu besuchen und traf praktischerweise meist zur selben Zeit wie meine Mutter ein. Er nahm sich jeden Tag ein paar Minuten Zeit, um meiner Mutter von den

Beatles und amerikanischen Filmen zu erzählen. Zu diesem Zeitpunkt war Tante Bimla schon sehr krank und konnte nicht mehr sprechen. Aber jedes Mal, wenn mein Vater zur Tür hereinkam, begrüßte sie ihn mit einem Lächeln, während sie die Hand meiner Mutter drückte. Sie fungierte gewissermaßen während der Zeit ihres Kennenlernens als Anstandsdame.

Und so entwickelte sich die Liebesgeschichte meiner Eltern, die sich bald darauf verlobten. Die Erste, die von der Verlobung erfuhr, war Tante Bimla, und ihre Augen leuchteten vor Freude.

Tante Bimla starb zwei Monate vor der Hochzeit meiner Eltern, sodass sie in bescheidenem Rahmen feierten. Aber obwohl sie nicht körperlich anwesend war, war ihre Anmut, Eleganz und Schönheit allgegenwärtig, und sie ist in unserer Familie immer als der Engel der Liebe verehrt worden.

Manchmal mag es schwierig sein, sie zu sehen, aber wir sind alle in unserem Leben von Engeln umgeben. Wenn wir ihre Hilfe annehmen, eröffnen sich uns und denen, die wir lieben, magische neue Welten.

Anregung

Glauben Sie an Engel? Denken Sie an die Menschen, die etwas Zauberhaftes in Ihr Leben brachten. Vergessen Sie nicht, Ihrem Kind von ihnen zu erzählen.

97

Ich verspreche, dir zu zeigen, wie du den Geist des Planeten Erde lieben und spüren kannst.

Zwischen dir und dem Universum gibt es eine Verbindung, die seit ewigen Zeiten besteht.

Du bist ein Lichtwesen, aus Sternenstaub geboren, und bist in verschiedenen Formen durch die Tiefen des Raums und das Geheimnis der Zeit gereist. Du bist das Universum – Millionen von Malen, immer wieder, erneuert und wiedergeboren.

Ich will, dass du die Welt als eine Erweiterung deines Körpers siehst und sie wie deinen eigenen Körper liebst. Die Luft ist dein Atem. Die Bäume sind deine Lungen. Weil sie atmen, atmen du und ich. Die Flüsse und Meere sind dein Kreislauf. Ihr Fluss, ihre Vitalität und ihre Essenz sind die Energie, die dich im Laufe der Zeit genährt hat.

Unsere Körper sind wieder verwendete Erde, unser Atem wieder verwendete Luft, unser Kreislauf wieder verwendetes Wasser, unsere Gefühle wieder verwendete Energie, unsere Gedanken wieder verwendete Informationen und unsere Seelen eine Widerspiegelung anderer Seelen.

Du sollst diese Verbindung aus der Tiefe deines Wesens heraus kennen und spüren. Sorge für die Erde, wie du für dich selbst sorgst, dann wird sie auch für dich sorgen. Liebe das Universum mit Herz und Seele, dann wird es auch dich lieben. Sprich mit dem Universum, dann wird es deine Gebete beantworten.

98

Ich verspreche, dir zu zeigen, dass wir mehr sind als die Rollen, die wir spielen.

Mein Schwiegervater fing Anfang der Achtzigerjahre an, nach China zu reisen. Er erzählt erstaunliche Geschichten von diesen Besuchen, weil es eine Zeit war, in der sich China noch nicht dem Rest der Welt geöffnet hatte. Der Kommunismus herrschte noch in seiner strengsten Form, und mein Schwiegervater war nach jahrelangen Einschränkungen aufgrund von Streitigkeiten zwischen den beiden Ländern einer der ersten Inder, die das Land bereisten.

Eine Geschichte meines Schwiegervaters beschreibt das China jener Zeit sehr gut, beinhaltet aber auch eine Lektion in Bezug auf Wahrnehmung und vorgefasste Meinungen.

Mein Schwiegervater traf sich mit dem Energieminister der Volksrepublik China. Es war ein sehr wichtiges Treffen, aus dem nicht nur Millionen an Umsatz für seine Firma, sondern auch neue Handelsbedingungen für den Austausch zwischen Indien und China resultieren konnten. Daher bereitete er sich monatelang auf das Treffen vor und hatte sein Angebot für den Minister perfekt ausgearbeitet. Am vereinbarten Tag wollte er sich nicht verspäten und hatte deshalb seinen Gastgeber gebeten, ihn früh abzuholen, um rechtzeitig da zu sein.

Sie trafen etwa eine Stunde zu früh im Ministerium ein. Da mein Schwiegervater eingeschränkten Zutritt hatte, beschloss er, in der Eingangshalle zu warten, während sein Gastgeber Kaffee holen ging. Die Halle war leer bis auf einen Hausmeister im blauen Mao-Anzug, der den Boden fegte und alles für den Tag vorbereitete. Mein Schwiegervater nickte dem Hausmeister zu, der das Lächeln zwar erwiderte, aber Blickkontakt vermied und sich auf seine Arbeit konzentrierte. Mein Schwiegervater öffnete seine Aktentasche und ging noch einmal seine Präsentation für die Besprechung durch. Bald kehrte sein Gastgeber mit Kaffee und Gebäck zurück, und sie unterhielten sich während der Wartezeit. Nach etwa einer halben Stunde begann sich die Halle mit Menschen zu füllen, die zur Arbeit gingen oder auf Besprechungen mit Beamten im Ministerium warteten.

Zur vereinbarten Zeit wurde mein Schwiegervater zu seiner Besprechung gerufen. Er wurde zu einem Konferenzraum geführt, in dem bereits etwa 20 Männer und Frauen mit Blöcken und Stiften in der Hand saßen. Der Platz meines Schwiegervaters war am einen Kopfende des langen Konferenztischs, der Platz am anderen Kopfende war noch frei. Als er sich setzte, nickten die Männer und Frauen, und dann herrschte völliges Schweigen. Sein Gastgeber und Dolmetscher erklärte ihm, dass sie auf den Minister warteten.

Eine Minute später ging die Tür auf. Die Männer und Frauen erhoben sich und mein Schwiegervater tat es ihnen gleich. Als der Minister am anderen Kopfende des Konferenztisches Platz nahm, musste mein Schwiegervater zweimal hinsehen. Es war niemand anders als der Hausmeister, den er schon in der Halle gesehen hatte. Er trug jetzt einen eleganten Anzug und sah meinem Schwiegervater direkt in die Augen, als er sagte: »Mr. Mandal, herzlich willkommen im Energieministerium.«

99

Ich verspreche, dir zu helfen, die Wahrheit in all ihren Formen zu erfahren.

Eine Gruppe von Jüngern näherte sich dem Buddha, um seinen Rat zu Streitigkeiten im Dorf einzuholen. Sie erzählten ihm von den zahlreichen Eremiten und heiligen Männern im Dorf, die sich über die Natur der Wirklichkeit stritten. Einige argumentierten, dass die Seele mit dem Körper sterbe, andere behaupteten, sie sei unendlich. Einige erklärten, dass Gott menschliche Form habe, andere sagten, dass er unendlich und grenzenlos sei. Es schien keine Verständigung zu geben, nur Streitereien, und die Jünger waren verunsichert.

Der Buddha erzählte den Jüngern eine Geschichte. Es war einmal ein Elefant, der in ein Dorf kam, das von Blinden bewohnt war. Es war das erste Mal, dass ein solches Geschöpf in ihr Dorf gekommen war, und die sechs weisesten Männer drängten die anderen beiseite, um es genauer zu untersuchen.

Der erste Blinde befühlte das Bein des Elefanten und sagte: »Der Elefant ist wie eine Säule, stark und fest.«

Der zweite Blinde befühlte die Ohren des Elefanten und sagte: »Oh, nein. Der Elefant ist wie ein großer Fächer.«

Der dritte Blinde befühlte den Schwanz des Elefanten

und sagte: »Der Elefant ist wie ein schönes, weiches, langes Seil.«

Der vierte Blinde befühlte den Stoßzahn des Elefanten und sagte: »Ihr irrt euch. Der Elefant ist wie ein glattes, festes Rohr.«

Der fünfte Blinde befühlte den Bauch des Elefanten und sagte: »Der Elefant ist fest und hoch wie eine Mauer. Niemand kann dieses Geschöpf überwinden.«

Der sechste Blinde befühlte den Rüssel des Elefanten und sagte: »Der Elefant ist wie der Ast eines Baumes, stark, aber dennoch in der Lage, im Wind hin und her zu schaukeln.«

Mit jeder Aussage wurde das Murmeln in der Menge lauter und lauter. Binnen kurzem stritt sich das ganze Dorf über die wahre Natur des Elefanten. Um jeden weisen Mann scharte sich eine Gruppe von Anhängern, die seinen Standpunkt unterstützte.

Der Buddha lächelte, als er die Geschichte beendete. Jeder Blinde hatte einen Aspekt der Wahrheit entdeckt. Aber nur die Summe all ihrer Wahrheiten konnte sie in die Lage versetzen, die wahre Natur des Elefanten zu erkennen.

100

Ich verspreche, dir zu helfen, dein wahres Wesen zu erkennen.

Als du ein winziger Keim in meinem Bauch warst, konnte ich spüren, wie dein Körper in mir wuchs. Ich sprach mit dir, spürte dich und nahm dich wahr. Aber vor allem konnte ich deine lebendige, reale Gegenwart spüren.

Du kamst als winziges Baby zur Welt. Schon erkanntest du mich als deine Mutter und ich beobachtete fasziniert, wie du um dich schautest, lerntest und Teil des großen Geheimnisses der Existenz wurdest.

Während du heranwächst, sehe ich, wie sich dein Körper entwickelt und dein Verstand sich durch jede Interaktion schärft. Ich sehe voll Ehrfurcht, wie sich deine Persönlichkeit entfaltet, wie du ein Individuum mit eigener Stimme, eigenen Meinungen, Vorlieben und Abneigungen wirst. Aber trotz all dieser Veränderungen spüre ich immer noch deine unveränderliche Präsenz, lebendig und konstant wie eh und je.

Ich sehe deine Zukunft als Teenager, wenn du einen neuen Körper mit neuen Gefühlen und eine neue Persönlichkeit bekommst. Ich sehe dich als Frau, die ihre eigenen Kinder bekommt, neues Leben in die Welt bringt. Ich sehe, wie sich deine Persönlichkeit durch neue Erfahrungen, Herausforderungen und Chancen verändert. Ich fühle deinen

Schmerz und deine Freude. Ich höre dein Weinen und erfreue mich an deinem Lachen. Und ich sehe dich als alte Frau in deinem Sessel sitzen und über ein Leben voller bedeutsamer Beziehungen und Erfolge nachdenken.

In jeder neuen Phase deines Lebens sehe ich, wie sich dein Körper, dein Verstand und deine Persönlichkeit verändern, aber du dennoch du selbst bleibst. Dieses stets gegenwärtige Du ist deine Seele, ein göttlicher Funke des unendlichen Geistes, der das gesamte Universum durchdringt.

Deine Gegenwart war ein Segen für mich und hat meinen eigenen Geist vor Freude fliegen und tanzen lassen. Ich werde dich bis in alle Ewigkeit lieben und fühle mich geehrt, von deiner Seele in diesem Leben und in zukünftigen Leben berührt worden zu sein.

Niemand kann die Seele zerstören; denn sie ist unzerstörbar, ewig, unermesslich.
Die Seele kennt weder Geburt noch Tod; sie ist ewig und wird nicht geboren.
Keine Waffen können sie verletzen; kein Feuer kann sie verbrennen; kein Wasser kann sie ertränken; keine Hitze kann sie ausdörren.
Das bedenkend, solltest du dich nicht sorgen.

Bhagavad Gita